Rechtschreibung verstehen und üben

lernserver
Individuelle Förderung

Fördersequenzen

Der Lehrgang für Jugendliche und junge Erwachsene

5 Groß- und Kleinschreibung

Petra Schönweiss · Christian Kowalski · Friedrich Schönweiss (Hg.), Universität Münster

Impressum

Fördersequenz, Band 5
Groß- und Kleinschreibung

Herausgeber:
Prof. Dr. Friedrich Schönweiss
Abteilung Neue Technologien im Bildungs- und Sozialwesen/Medienpädagogik
Fachbereich Erziehungswissenschaft und Sozialwissenschaften
Westfälische Wilhelms-Universität Münster
Georgskommende 14
48143 Münster
Tel.: 0251 83 28409
Fax: 0251 83 21206
www.lernserver.de
info@lernserver.de

Verlag:
Lernserver-Institut • Verlag für Bildungsmedien GmbH
Georgskommende 9
48143 Münster
info@lernserver-shop.de

Autorin: Petra Schönweiss unter Mitarbeit von Christian Kowalski, Münster
Illustrationen: Petra Schönweiss, Münster
Design und Druckvorbereitung: Marina Forstmann, Spelle

Mit freundlicher Unterstützung der Sparkasse Stadtlohn und der St.-Anna-Realschule, Stadtlohn.

2. Auflage 2014

ISBN 978-3-940876-49-2

Inhaltsverzeichnis Band 5
Groß- und Kleinschreibung

Sehr geehrte Lehrkräfte und Eltern,
liebe Lernserver-Kooperationspartner,

wir freuen uns, Ihnen mit unseren *„Fördersequenzen"* die zentralen Rechtschreibbereiche der deutschen Orthographie nun auch für *Jugendliche und junge Erwachsene* zur Verfügung stellen zu können. Sie halten damit in kompakter Form einen strukturierten Lehrgang in Händen, der sowohl im regulären Unterricht als auch in der individuellen Förderung oder zuhause eingesetzt werden kann.

Einsatzbereiche und Förderszenarien

In abwechslungsreicher Form werden unterschiedliche methodische Zugänge zum Lernstoff unterstützt, vom Lehrervortrag über die Gruppen- oder Partnerarbeit, bis hin zum selbstständigen Lernen. Mit ihrer Kombination aus *Entdecken, Verstehen und Üben* können die *Fördersequenzen* auf unterschiedliche Weise genutzt werden.

- Für den regulären Unterricht eignen sie sich als **strukturierter Lehrgang**.
- In Verbindung mit der Lernserver-Diagnostik können im Klassenverband die Fehlerschwerpunkte der Schüler ermittelt werden, um daran anknüpfend **einzelne Bereiche gemeinsam** zu erarbeiten oder in Form der **Binnendifferenzierung** zu festigen.
- Im Rahmen von **Förderstunden** lassen sich gezielt kleinere oder größere Lücken schließen.
- **Zuhause** können sie in Ergänzung zum Unterricht oder als eigenständiger Kurs genutzt werden. In manchen Fällen, insbesondere bei jüngeren Schülern, ist die begleitende Unterstützung durch die Eltern empfehlenswert.

Was die ***Förderung*** **von Schülern mit *größeren Problemen*** angeht, sollte mithilfe der Lernserver-Diagnostik (MRA 7+) ein *individuelles Leistungsprofil* erstellt werden. Zeigt dieses Profil an, dass der Schüler den Grundlegenden Bereich der Rechtschreibung beherrscht und nur innerhalb bestimmter Regelbereiche unsicher ist, können die *Fördersequenzen* entsprechend der ermittelten Fehlerarten eingesetzt werden. Sofern allerdings im Rahmen der Lernserver-Diagnostik für den Grundlegenden Bereich (insbesondere auf der Ebene der Laut-Zeichen-Zuordnung, also z.B. der Fähigkeit, einzelne Laute differenzieren und mit den entsprechenden Schriftzeichen verschriften zu können) massivere Probleme festgestellt werden, empfiehlt es sich, auf die Lernserver-Teststufe 5/6 zurückzugehen und den entsprechend der Testergebnisse zusammengestellten individuellen Förderplan dieser Stufe mit dem Schüler durchzuarbeiten.

Inhalte

Jede Fördersequenz beinhaltet *ein* wichtiges Rechtschreibthema. Insgesamt liegen bis jetzt neun Sequenzen in fünf Bänden vor:

- Umlautableitung
- Auslautableitung
- Betonung
- Dopplung
- S-Laute
- Dehnung
- Der lange i-Laut
- Großschreibung
- Gleichklingende Buchstabengruppen

Aufbau

Alle *Fördersequenzen* sind mit kleinen Abweichungen nach folgendem Muster aufgebaut:

- Einführung des Themas (Problemerkennung)
- Erklärung der orthographischen Gesetzmäßigkeit
- Übungen (Lückenwörter, Lückentexte, Diktate, Rätsel usw.)
- Kennenlernen der Ausnahmen (Merkwörter)
- Vertiefende Übungen und Wiederholungen
- Informeller Abschlusstest

Zu jeder Übung gehört ein Lösungsblatt, das zudem auch häufig „Hinweise für den Lehrenden“ beinhaltet, in denen Erklärungen zur Didaktik, Wissenswertes zum jeweiligen Thema oder auch Tipps für vertiefende Aufgaben angeboten werden.

Methodik

Wie in der gesamten Lernserver-Förderung zielt auch die Methodik der *Fördersequenzen* darauf ab, den Schüler zum Erkunden und Durchschauen der orthographischen Gesetzmäßigkeiten anzuregen. Ihm soll mit der Aneignung von Regelwissen eine verlässliche Alternative zum reinen Einprägen des Wortbilds geboten werden, so dass er bei unbekannten oder mangelhaft gespeicherten Wörtern die Möglichkeit hat, sich die Schreibung mittels geeigneter Strategien *selbst* herzuleiten.
Zudem erhält der Schüler die Chance, Ordnung und Struktur in die schier unüberschaubare Vielfalt von Schreibungen zu bringen, die ihn vielleicht schon in den vergangenen Jahren an der Rechtschreibung und vor allem an sich selbst zweifeln ließ.
Mithilfe der vorliegenden Übungen aber kann ihm nachvollziehbar gemacht werden, dass der Kern der Orthographie logisch und damit auch erlernbar ist, und dass nur die „äußeren“ Bereiche sich den Regeln entziehen (und deshalb als Merkwörter gelernt werden müssen). Er erfährt, dass er durchaus dazu fähig ist, über die einzelnen orthographischen Phänomene zu reflektieren; er erkennt Regelmäßigkeiten und Zusammenhänge, er lernt Analogien zu bilden und Transferleistungen zu erbringen. Dies alles schafft Sicherheit, Erfolgserlebnisse und damit auch die nötige Motivation, sich mit dem Kapitel Rechtschreibung überhaupt noch befassen zu wollen.

Um eventuellen Missverständnissen vorzubeugen: Die kognitive Herangehensweise an die Rechtschreibung, bei der durch Regelwissen die korrekte Schreibung eines Wortes herausgefunden wird, enthebt den Schüler keinesfalls von der Notwendigkeit, häufig und viel zu lesen und zu schreiben. Nur in der regelmäßigen Anwendung und mit Üben und Automatisieren des Gelernten erreicht er das Ziel, die Regeln nicht mehr bewusst anwenden zu müssen, sondern nur noch als letzte Sicherheit für besonders schwierige Wörter in der Hinterhand zu haben. Mangelnde Automatisierung ist oft der Grund dafür, dass das erworbene Wissen in Diktaten oder Aufsätzen nicht in gewünschtem Maße eingesetzt werden kann und deshalb auch nicht zu einer Notenverbesserung führt. Der große Unterschied zum stumpfen Einprägen des Wortbildes ist aber der, dass der Schüler mit seinem Regelwissen dazu in die Lage versetzt wird, seine Fehler *selbst* zu erkennen, einzuordnen und zu verbessern. Er kennt nun die *Gründe*, warum ein Wort so und nicht anders geschrieben wird, und ist damit nicht mehr nur auf Treu und Glauben und auf ein gutes Wortbildgedächtnis angewiesen.
In aller Konsequenz muss es dem Schüler jedoch trotz allem gelingen, einen ausreichend großen Wortschatz in seinem lexikalischen Gedächtnis zu speichern, damit er die Schriftsprache auch hinsichtlich der erforderlichen Schnelligkeit angemessen anwenden kann.

Voraussetzungen

Das Schreiben *lauttreuer* Wörter sollte beherrscht werden. Diese Fähigkeit ist mithilfe der Lernserver-Diagnostik einfach und schnell ermittelbar: Hat ein Schüler im Test noch viele Fehler gemacht, die im Leistungsprofil dem *Grundlegenden Bereich* zugeordnet wurden, muss zunächst ausreichende Sicherheit innerhalb des lautanalytischen Rahmens erlangt werden, bevor der Schüler mit den „Regeln“ konfrontiert wird. Dies gilt für *alle Lerner*, auch wenn dies oft zunächst weder von den älteren Schülern selbst noch von den Lehrern oder Eltern als notwendig oder sinnvoll erachtet wird. Der Vergleich mit der Mathematik mag zum besseren Verständnis dienen: Es käme keinem Pädagogen in den Sinn, einem Kind das Bruchrechnen beibringen zu wollen, ohne dass es vorher genügend Erfahrung mit Zählen, Addieren, Subtrahieren, Multiplizieren und Dividieren sammeln konnte. Sehr ähnlich ist es aber mit dem Schreiben:
Die Beherrschung des lauttreuen Bereichs ist das *Fundament* des Schriftsprachgebäudes, auf dem die weiteren Stockwerke aufgebaut werden können. Wenn aber schon das Fundament wackelt, ist es schwierig bis unmöglich, darauf ein sicheres Haus mit mehreren Stockwerken aufzubauen. Dies wird umso deutlicher, wenn man sich bewusst macht, welch elementare Themen der *Grundlegende Bereich* eigentlich umfasst. Es geht dabei beispielsweise um die Umsetzung von Lauten in Buchstaben, um die akustische Identifikation von Lauten und die optische Identifikation von Zeichen, um die akustische und optische Differenzierung ähnlicher Laute, um die vollständige Durchgliederung eines Wortes, ohne dass Buchstaben und Silben ausgelassen oder hinzuzugefügt oder in falscher Reihenfolge niedergeschrieben werden, oder um die Schreibung von selteneren Zeichen wie qu. (Für diese elementaren Schritte im Schriftspracherwerb stehen zurzeit Lernserver-Fördermaterialien bis Klasse 6 zur Verfügung.)

Erst wenn ein Schüler alle oben genannten Fertigkeiten bereits in ausreichendem Maße erwerben konnte, ist die Arbeit mit Regeln, beispielsweise zur Dopplung oder Dehnung, die vom Lerner durchaus anspruchsvolle Wahrnehmungsfähigkeiten und Handlungen verlangen, sinnvoll und erfolgversprechend.
Es muss also erst die *Basis* geschaffen werden. Dazu gehört auch, dass der Schüler zumindest langsam, aber korrekt lesen kann.
Des Weiteren muss er Vokale (a, e, i, o, u), Konsonanten (alle anderen Laute) und Diphthonge (au, ei, eu, äu, ai) benennen und unterscheiden können.
Außerdem ist die Fähigkeit erforderlich, in einem Wort den *betonten Vokal* aufzuspüren und seine Klangqualität herauszufinden, da darauf die wichtigsten orthographischen Regeln aufbauen. Der *Betonung* ist deshalb eine eigene Fördersequenz gewidmet. Sie muss auf alle Fälle *vor* den Themen „Dopplung", „S-Laute" und „Dehnung" bearbeitet werden.

Handhabung der Materialien

Zu Themen, bei denen es uns erforderlich schien, gibt es zu Beginn der Sequenz ein Blatt mit *einführendem Hintergrundwissen* für die Lehrkraft (bzw. die betreuende Person). Auch wird an dieser Stelle das inhaltliche „Warum" und „Wie" der Übungen aufgezeigt, damit sich der Lehrende einen Wissensvorsprung aneignen kann, um für eventuell auftauchende Fragen des Schülers gewappnet zu sein.
An dieser Stelle möchten wir aber gerne darauf hinweisen, dass es keine Schande ist, wenn man auch als Lehrkraft nicht auf alle Fragen eine Antwort parat hat. Vor allem bei der Großschreibung gibt es genügend Spitzfindigkeiten, die ein **Nachschlagen im Wörterbuch** notwendig machen können. Oftmals entlastet es sogar das Verhältnis Lehrer-Schüler, wenn sich der Lehrer nicht als perfekter Alleskönner präsentiert, sondern als menschliches Wesen, in dessen Natur es liegt, eben *nicht* alles zu wissen und auch Fehler zu machen. Nobody is perfect. Wichtig ist allerdings, dass man zumindest weiß oder lernt, wo und wie man sich schlaumachen kann. Das Nachschlagen und Überprüfen eines schwierigen Falls kann dann durchaus zusammen mit den Schülern erfolgen. Auf diese Weise lernen alle etwas dazu.

Jede Regel wird, sofern es sinnvoll und möglich ist, über eine **Problemstellung** eingeführt. Mithilfe von gezielten Fragen soll der Schüler vorzugsweise *selbst* auf die Lösung des Problems kommen und sich den Regel-Merksatz erarbeiten. Hier ist es für den weiteren Verlauf des Lernens wichtig, dass die betreuende Person prüft, ob der Schüler das Grundlegende der Themeneinführung verstanden hat und weiß, worum es bei der jeweiligen Fördersequenz gehen wird.

Die weiteren Arbeitsblätter sind zum **selbstständigen oder aber auch zum gemeinsamen Anwenden** und Vertiefen des Rechtschreibprinzips gedacht. Ob ein Schüler in weiten Teilen allein üben und daraus auch den größtmöglichen Nutzen ziehen kann, muss dem Gespür der betreuenden Person überlassen bleiben. Natürlich ist bei älteren Schülern ein selbstständiges Arbeiten anzustreben, allerdings muss stets darauf geachtet werden, ob die Arbeitsanweisung verstanden wurde und ob das, was bereits als gefestigt vorausgesetzt ist, wirklich im Einzelfall unterstellt werden kann. Erfahrungsgemäß hilft es Schülern mit größeren Problemen wenig bis nichts, wenn sie auch im Förderunterricht auf sich allein gestellt sind und keiner nachprüft, welche individuellen Fortschritte sie machen oder an welcher Stelle man ihnen gezielt unter die Arme greifen müsste.
Manche Übungen gibt es in **drei verschiedenen Schwierigkeitsstufen**. Sie sind gekennzeichnet durch die ausgefüllten Rauten in den oberen Ecken der Übungsseiten und unterscheiden sich meist in der Aufgabenlänge und der Anzahl der Übungswörter.

Bitte beachten Sie auch, dass die *Fördersequenzen* als ***Grundgerüst*** zu verstehen sind, das die notwendigen Bestandteile eines in unserem Sinne idealtypischen Curriculums durchläuft, das aber von Ihnen beliebig erweitert oder verkürzt werden kann, je nachdem, wie rasch ein Schüler einen Bereich beherrscht. Der eine versteht es schneller, der andere braucht etwas länger – die Menschen sind einfach unterschiedlich. Es sollte aber jeder die Möglichkeit erhalten, eine in unserer Gesellschaft derart wichtige Kulturtechnik wie das Schreiben so zu erlernen, dass er im alltäglichen Leben gut zurechtkommt und den von ihm angestrebten Beruf gemäß seiner sonstigen Begabungen ergreifen kann. In vielen Fällen bedeutet das, dass den Lernenden mehr Zeit eingeräumt werden muss – eigentlich eine Selbstverständlichkeit, die zu einer „individuellen" Förderung dazugehört.
Wenn Sie also zusätzliche Übungen anbieten müssen, kann das in Form von Wortdiktaten geschehen oder durch die Wiederholung von Übungseinheiten mit anderem Wortmaterial. Sie können natürlich auch die in der Sequenz vorkommenden Wortbeispiele in andere Übungsformen kleiden. Oftmals werden in den

Sequenzen Spiele oder Wettbewerbe beschrieben, die so lange wiederholt werden können, bis ein Thema wirklich sitzt.

Sinnvoll ist es auf alle Fälle, nach dem Abschlusstest am Ende jeder Sequenz **freie Texte** oder **Aufsätze** verfassen zu lassen, um überprüfen zu können, ob das Gelernte auch in komplexeren Schreibsituationen sicher angewendet werden kann.

Ganz allgemein gilt: Lieber weniger an einem Tag üben, dafür aber mit Sinn und Verstand! Bitte gehen Sie dergestalt auf den Schüler ein, dass er die Arbeitsblätter nicht möglichst schnell „abhakt", sondern dass er ein Thema mit der **höchstmöglichen Aufmerksamkeit** angeht und somit auch eine größere Chance hat, es kognitiv und nachhaltig zu durchdringen. Honorieren Sie schon die Bemühungen, sich ernsthaft mit einem Sachverhalt auseinanderzusetzen, auch wenn die Aufgabe nicht fehlerfrei gelingt.
Bewährt hat es sich, die Schüler dazu anzuhalten, die erarbeiteten Blätter in einem Ordner abzuheften und als Dokumentation ihres Lernfortschritts wertzuschätzen.

Übungsformen
Wir haben uns bemüht, auch für die älteren Schüler abwechslungsreiche Übungsformen anzubieten (Lückentexte, Rätsel, Partnerarbeit, Quiz, Diktate usw.). Die Form sollte aber dabei nicht gegen den Inhalt ausgespielt werden, d.h. dass es für manche Themen nicht viele sinnvolle Übungsgestaltungen gibt.

Lückenwörter und **Lückentexte** stellen deshalb den Hauptanteil dar. Sie sind für den Einstieg in ein Thema eine sinnvolle Arbeitsform, weil der Schüler seine Aufmerksamkeit nur auf ein bestimmtes Phänomen fokussieren muss, z.B. auf die Entscheidung „äu oder eu". Es wird ihm also erspart, noch zusätzlich darauf zu achten, ob etwa ein gedoppelter Konsonant oder eher ein Dehnungszeichen richtig wäre. Schüler mit größeren Problemen können dies als sehr entlastend empfinden.
Praktisch sind Lücken auch deswegen, weil sie ein selbstständiges Arbeiten gewährleisten: Es kann ganz gezielt ein bestimmtes Rechtschreibphänomen abgefragt werden, ohne dass eine weitere Person anwesend sein und diktieren müsste. Vor allem in einer Fördergruppe, in der die Lehrkraft oft Schüler auf unterschiedlichem Niveau zu betreuen hat, ist das laute Diktieren nicht immer zweckmäßig.
Wenn Sie es für sinnvoll erachten, können Sie die Lückenwörter aber am Ende der Übung natürlich zusätzlich ins Heft schreiben lassen.

Die Übung „**Wortverwandte suchen**" ist sehr häufig vertreten. Erstens werden dadurch die Zusammenhänge zwischen den Wörtern einer Familie sichtbar, was viele Aha-Erlebnisse auslöst und die Schreibung erleichtert (fahren-Gefährt-Fuhre; Bauch-bäuchlings). Und zweitens wird der Sprachschatz auf eine nicht zu unterschätzende Weise erweitert – angesichts der zahlreichen Kürzel und des recht eigenwilligen Sprachcodes, der den mündlichen wie schriftlichen Umgang von Jugendlichen häufig bestimmt, eine nicht nur für Schüler mit anderer Muttersprache dringend gebotene Aufgabe.

Die Form des **Rätsels** dient der Auflockerung und ermöglicht ebenfalls das Schreiben eines ganzen Wortes, ohne dass diktiert werden müsste. Vorausgesetzt natürlich, das Rätsel selbst wird gelöst. Manche Schüler jedoch werden durch die Verdopplung der Aufgabenstellung überfordert – entweder bleibt die richtige Lösung des Rätsels auf der Strecke oder die angestrebte „Recht"schreibung. Aus diesen Gründen hält sich diese Übungsform in Grenzen.

Schreib- oder sonstige **Spiele** kommen vor, allerdings nicht allzu häufig, da die vorliegenden Sequenzen für ältere Schüler gedacht sind, die sich von dieser Übungsform oft nicht mehr angesprochen fühlen.

Diktate sind letztlich unerlässlich, sollten aber nicht als Bewertungsinstrument im selektiven Sinn genutzt werden, sondern als Möglichkeit, das Gelernte in verschiedenen Schwierigkeitsstufen *informell* zu testen.

Umgang mit Fehlern
Fehler sind nicht einfach nur „falsch", sondern in jedem von ihnen steckt eine Denkleistung – auch wenn das Ergebnis nicht der Norm entspricht. Wer inkorrekte Schreibungen „lesen" kann, dem erzählen sie, wo der Denkfehler des Schreibers steckt, welche Strategie er verkehrt angewandt hat oder welche Wissenslücke noch nicht geschlossen werden konnte.

Was nützt es also, Fehler nur rot anzustreichen, zu zählen und daraus eine Note zu basteln, wo doch genau hier eine so offensichtliche Möglichkeit schlummert, dem Schreiber sinnvoll zu helfen? Wäre es nicht besser, die Fehler als Anstoß dafür zu nehmen, den Sachverhalt, um den es dabei geht, noch einmal intensiv zu besprechen? Fragen wie: „Warum ist es nicht ganz richtig, was du hier geschrieben hast? Mit welcher Schwierigkeit haben wir es bei diesem Wort zu tun? Welche Regel kann helfen? Handelt es sich um ein Wort, das mit der Regel erklärt werden kann, oder um ein Merkwort?" bringen den Schüler dazu, über seine Schreibung nachzudenken, die Regel zu memorieren und sich in vielen Fällen selbst zu korrigieren. Genau das schafft aber den Ansporn, sich mit einem Thema zu beschäftigen und sich nicht lieber der ganzen Anstrengung zu entziehen, weil im Heft mal wieder alles rot ist und die schlechte Note als abstrakte Quintessenz der vorangegangenen Bemühungen anklagend im Raum steht.
Damit ein Schüler also wirklich aus seinen Fehlern lernen kann, muss der Lehrende sie inhaltlich ernst nehmen und als Ausgangspunkt für ein sachliches Gespräch nehmen. Auf diese Weise wird ein Fehler selbst in der Gruppe nicht als Peinlichkeit, Makel oder Stigma empfunden, sondern kann als der geltenden Norm nicht angemessene „Regelvariante" leidenschaftslos betrachtet und von der ganzen Runde nach bestem Wissen analysiert werden.

Der Anspruch des Lehrenden

Vor allem bei der Arbeit mit Schülern, die große Schwierigkeiten in der Rechtschreibung haben, ist es wichtig, dass man den eigenen Anspruch auf Perfektion etwas herunterschraubt. Es sollte nicht darum gehen, dass ein Schüler nach dem Bearbeiten der Materialien völlig fehlerfrei schreibt, sondern das Ziel sollte zunächst sein, dass er seine Fehler durch die gedankliche Auseinandersetzung mit einem Thema selbst erkennen und verbessern kann.
Einige Themen, wie z.B. Großschreibung, Dopplung und Dehnung, halten insbesondere für Schüler der höheren Klassen eine Menge Stolperfallen bereit. Selbst geübte Erwachsene können bei manchen Wörtern ins Straucheln kommen, so dass die Messlatte für die Lerner nicht allzu hoch hängen sollte. Seien Sie bitte in diesen Fällen nachsichtig, aber nicht nachlässig. ☺ Schließlich gibt es auch noch das Wörterbuch (Wörterbucharbeit muss im Unterricht geübt werden!), und es ist durchaus legitim, es zu benutzen, wenn man wirklich nicht weiterweiß.

Ähnlichkeitshemmung

Die *Fördersequenzen* sind zum großen Teil so aufgebaut, dass ein Prinzip erklärt und hinreichend geübt wird, bevor andere ähnliche Prinzipien dazukommen. Ziel einer Gegenüberstellung von Kontrasten ist hier die *Reflexion* über eine Schreibweise, also das *Provozieren kognitiver Entscheidungen*, z.B. „Ich schreibe ‚bäuchlings' mit ‚äu', weil es von ‚Bauch' mit ‚au' abgeleitet ist. Ich schreibe aber ‚Keule' mit ‚eu', weil es *keinen* Wortverwandten mit ‚au' gibt."
In den Fällen, bei denen die Schreibung begründet werden kann, ist die Sorge hinsichtlich der Ähnlichkeitshemmung nicht berechtigt.
Anders wäre es natürlich, wenn es nur um das Einprägen und Erinnern von Wortbildern geht. Hier sind Kontrastpaare, die zum Auswendiglernen angeboten werden, nicht sinnvoll: „Merke ‚Stahl', aber ‚Wal'. Merke ‚lieber', aber ‚Biber'." Derartige Gegenüberstellungen sind in den gesamten Lernserver-Materialien nirgendwo zu finden.

Das Lesen des Leistungsprofils und Tipps für die anschließende Förderung

Wenn Sie die Lernserver-Diagnostik zu Hilfe genommen und nun das Leistungsprofil eines Schülers vor sich haben, dann beachten Sie bitte Folgendes:

- Finden sich noch viele Fehler im *Grundlegenden Bereich*, müssen erst die basalen Kenntnisse vermittelt werden, bevor mit den *Fördersequenzen* begonnen wird.
- Sind lediglich dem *Regelbereich* Falschschreibungen zugeordnet, können Sie aus den Überschriften der einzelnen Kategorien ersehen, welche Sequenzen für die Förderung in Betracht kommen.
- Bei nur *einem* Fehler in einer Kategorie, kann von einer Förderung in diesem Bereich abgesehen werden. Es sei denn, Sie merken im Laufe der Zeit, dass hier doch noch weitere Schwierigkeiten auftauchen.
- Bei *mehreren* Fehlern in einer Kategorie, z.B. bei der Großschreibung, nehmen Sie die dazugehörige Fördersequenz, lesen die Einführung und blättern die Übungen durch, damit Sie sich einen Überblick über das angebotene Material verschaffen können. Gerade bei der Großschreibung kommt es darauf

an, *welche* Fehler dem Schüler unterlaufen sind: Wenn es sich um Falschschreibungen bei gängigen Wörtern handelt, schadet es nichts, die Übungen von Anfang an durchzunehmen, da sie aufeinander aufbauen und ihr Schwierigkeitsniveau sich kontinuierlich steigert. Handelt es sich um Falschschreibungen bei Sonderfällen wie *mehrteiligen Eigennamen, geographischen Ableitungen auf -isch* oder *Zeitangaben*, kann schon das entsprechende Kapitel ausreichen, um Klarheit zu schaffen.

- Zwingend erforderlich ist bei Fehlern in den Bereichen *Dopplung*, *s-Laute*, *i-Laut* und *Dehnung*, dass als Erstes die Sequenz *Betonung* durchgearbeitet wird. Der Grund: Die Lernserver-Methodik fußt in großen Teilen auf der Klangqualität des betonten Vokals. Erhielte der Schüler nicht die Gelegenheit, das Betonungsprinzip kennenzulernen und damit zu üben, würde das ein erfolgreiches Bearbeiten der oben genannten Sequenzen unnötig erschweren bis unmöglich machen.

Überlegungen zur Reihenfolge der Sequenzen

Bei der *Reihenfolge* der zu behandelnden Themen empfehlen wir immer (vorausgesetzt, es wurden dort auch Fehler gemacht), mit der

- *Umlautableitung* zu beginnen. Dieses Kapitel ist relativ überschaubar, leicht zu begreifen und nicht allzu umfangreich. Gute Voraussetzungen dafür, erste, schnelle Erfolge zu erleben und die eventuell verlorengegangene Motivation wiederzuerlangen. Danach könnte mit der
- *Auslautableitung* fortgefahren werden, weil sie einem ähnlichen Prinzip unterworfen ist wie die Umlautableitung. Anschließend würden wir die
- *Betonung* vorschlagen, da sie die Voraussetzung für die weiteren Kapitel darstellt:
- *Dopplung*
- *s-Laute*
- *i-Laut*
- *Dehnung*, wobei die Dehnung eines der schwierigsten Kapitel der deutschen Orthographie ist! Es wäre also zu überlegen, ob bei mittleren bis großen Problemen in der
- *Großschreibung* dieses Kapitel nicht vorgezogen werden sollte. Bei der Großschreibung handelt es sich ja in weiten Teilen um Grammatik, so dass das Thema hinsichtlich der Methodik für etwas Abwechslung im Übungsalltag sorgen könnte. Entscheiden Sie für jeden Schüler individuell, wie weit Sie hier bei den Sonderfällen gehen wollen. Die Grundregel zur Großschreibung ist relativ einfach zu durchschauen und anzuwenden, bei den Sonderfällen wird es knifflig… Zum Schluss könnten die
- *Gleichklingenden Buchstaben* durchgenommen werden. Lesen Sie im Leistungsprofil nach, in welchem der beiden Teilbereiche Fehler vorkamen (v-f oder x-Laut oder beides) und bieten Sie die entsprechenden Übungen an.

Es versteht sich, dass die empfohlene Reihenfolge nur dann gilt, wenn auch in den aufgeführten Bereichen Fehler passiert sind. „Leere“ Kategorien im Leistungsprofil müssen nicht geübt werden, es sei denn, Ihnen fällt im Laufe des Arbeitens mit dem Schüler auf, dass er doch bei dem einen oder anderen Rechtschreibprinzip Unsicherheiten zeigt.
Ebenso ist es selbstverständlich, dass Sie die Reihenfolge variieren können, wenn es Ihnen bei einem Schüler sinnvoll erscheint oder es einen anderen Grund gibt, ein bestimmtes Thema vorzuziehen. Absolut notwendig ist aber, wie schon mehrfach erwähnt, das *Vorschalten der Betonungssequenz*, wenn Sie Dopplung, s-Laute, Dehnung und i-Laut durchnehmen möchten.

Und nun wünschen wir Ihnen, Ihren Schülern und Kindern viel Freude und Erfolg!

Petra Schönweiss, Friedrich Schönweiss
und das Lernserver-Team

Übungen zur Groß- und Kleinschreibung

Name:

Einführung: Wortartbezogene und syntaxbezogene Sichtweise

Allgemeine Hinweise zur wortartbezogenen und syntaxbezogenen Sichtweise

Wer wüsste es nicht: Die Großschreibung im Deutschen ist ein komplexes Thema! Selbst die Dudenredaktion schreibt gleich zu Beginn ihrer wortartbezogenen Regelauflistung:
„Die Grundregel lautet, dass Substantive [...], Satzanfänge und Eigennamen mit großem Anfangsbuchstaben geschrieben werden. Schwierigkeiten können dadurch entstehen, dass nicht immer klar zu erkennen ist, ob ein Substantiv, ein Satzanfang oder ein Eigenname vorliegt." (24. Auflage, S. 58)

In der Tat: Es ist nicht immer leicht zu erkennen, wann großgeschrieben werden muss. Tausende von Diktaten und statistischen Erhebungen belegen dies. Auch für in der Rechtschreibung versierte Erwachsene hält der Regelkanon zur Großschreibung genügend verzwickte Fälle bereit, die das Nachschlagen im Wörterbuch nötig machen (was nebenbei gesagt keine Schande ist!).
Für viele Schüler auch in weiterführenden Schulen beginnen die Probleme aber nicht selten schon bei abstrakten Substantiven und vor allem bei den sogenannten *Substantivierungen* von Verben und Adjektiven. Sie haben von Lehrern und Eltern meist gesagt bekommen, dass „*nur* Nomen großgeschrieben werden müssen", und stehen nun Sätzen wie „Beim Plaudern im lauschigen Grün einigten sich die schüchternen Verliebten nach längerem Hin und Her auf das vertraute Du" verständlicherweise ziemlich hilflos gegenüber, enthält doch dieser Satz trotz insgesamt sieben Großschreibungen kein einziges Wort, dass inhaltlich der Wortart Substantiv zuzurechnen ist.
Die gut gemeinte Hilfestellung „Schreibe *nur* Nomen groß" greift also zu kurz. Sie ist in ihrer Absicht, das schwierige Thema Großschreibung auf einen einzigen Regelsatz zu reduzieren, zu vereinfachend und auch in die Irre führend, denn *alle* Wortarten können großgeschrieben werden – es kommt nur auf ihre Funktion an, die sie in dem jeweiligen Satz einnehmen.

Wir wollen den oben beschriebenen wortartbezogenen Zugang zur Großschreibung nun keinesfalls verteufeln oder für überflüssig erklären. Er hat seine Berechtigung, wenn man einmal von einigen simplifizierenden Aussagen absieht. Allerdings halten wir es für sinnvoll, *zusätzlich* zur wortartbezogenen Erklärung eine andere Möglichkeit anzubieten, um großzuschreibende Wörter erkennen zu können. Hierbei handelt es sich um die ***syntaxbezogene*** (satzbezogene) **Beschreibung** der Regularitäten, die eine hilfreiche Strukturierung des Themas ermöglicht, verlässliche Hinweise gibt und den Schülern nebenbei auch noch erhellende Einsichten in die grammatische Struktur deutscher Sätze bietet.
Leider stößt man auch bei der syntaxbezogenen Beschreibung auf Fälle, die sich der Regelhaftigkeit entziehen. Vor allem nach der Rechtschreibreform gibt es ein paar Großschreibungen mehr, die sich nicht satzbezogen erklären lassen. Mit diesen peripheren Ausnahmen müssen wir leben. Sie rechtfertigen aber keinesfalls, auf eine regelhafte Strukturierung des Kernbereichs zu verzichten und die Schüler dieser sinnvollen Hilfestellungen zu berauben. (Vgl. auch Christa Röber-Siekmeyer: Ein anderer Weg zur Groß- und Kleinschreibung)

Die syntaxbezogene Grundregel zur Großschreibung lautet kurz und knapp:

Großgeschrieben wird der Kern einer Nominalgruppe,
wenn er durch flektierte Attribute nach links erweiterbar ist.

Etwas ausführlicher und als Hinweise auf großzuschreibende Wörter formuliert:
- **Groß**geschrieben wird innerhalb eines Satzes immer das letzte Wort – der **Kern** – eines Satzgliedes.
- Ein Satzglied (Nominalphrase oder Nominalgruppe) ist eine (syntaktische) Einheit, die bei der Umstellprobe zusammenbleibt.
- Ihr **Kern** am **äußersten rechten Rand** ist der unverzichtbare Teil eines Satzglieds.
- Der Kern ist nach **links durch gebeugte** (flektierte) **Beifügungen** (Attribute) erweiterbar.
- Die Beifügungen können Adjektive oder Partizipien sein. Sie müssen die Endungen **-e**, **-er**, **-en**, **-es** oder **-em** haben.

Wichtig: Egal, welche Eigenschaften ein *isoliertes* Wort besitzt: Als *Kern einer Nominalgruppe* hat es immer die Eigenschaften eines Substantivs.

Beispiel: Das hitzig**e** **D**iskutieren / machte / den gut**en** **F**reunden / schon seit lang**er** **Z**eit / groß**e** **F**reude.

Name:

Vorschlag zur Vorgehensweise (Seite 1)

Vorschlag zur Vorgehensweise

Schüler der weiterführenden Schulen haben schon einige Jahre mit dem Erlernen der wortartbezogenen Erklärung der Großschreibung verbracht. Sie haben gelernt, dass Nomen bzw. Substantive großgeschrieben werden und alles andere klein. Die Mehrheit von ihnen wird wissen, was Artikel, Adjektive und Verben sind. Einige sind sicherlich auch dazu imstande, weitere Wortarten zu erkennen, wie Partizipien, Pronomen und Präpositionen. Und das ist auch gut und wichtig so, denn Wörter nach Wortarten unterscheiden zu können, ist unerlässlich, will man die deutsche Sprache verständlich und eindeutig benutzen, vor allem im Schriftlichen.
Allerdings sind auch nicht wenige Schüler trotz ihres Wissens über Wortarten daran gescheitert, die Regeln der Großschreibung zu durchschauen und korrekt anzuwenden, vor allem dann, wenn es vermehrt um Substantivierungen geht. Insofern ist die satzbezogene Sichtweise eine *zusätzliche* Hilfestellung, um die großzuschreibenden Wörter innerhalb eines Satzes zu erkennen. Es wird dabei durchaus von bereits erworbenem Wissen ausgegangen und dieses für eine Erweiterung der Handlungen genutzt.

Was nun im Einzelnen hinsichtlich der satzbezogenen Erklärung noch vermittelt werden muss, sei hier kurz dargestellt (Auszug aus dem Lernserver-Themenheft 9):

1. Bei der Großschreibung muss man unterscheiden zwischen einem *isolierten* Wort und einem Wort *innerhalb eines Satzes*. Grund: Die Bestimmung einer Wortart reicht nicht immer eindeutig für eine Entscheidung über Groß- oder Kleinschreibung aus, denn alle Wortarten können großgeschrieben werden, je nachdem, welche Funktion sie im Satz einnehmen.
2. Ein Satz besteht aus einem Prädikat (Verb) und seinen Ergänzungen (Satzgliedern):
   Die liebe Mutter / schreibt / ihrer alten Freundin / einen langen Brief.
3. Was eine Ergänzung ist, kann durch *Umstellprobe* und *Ersetzungsprobe* herausgefunden werden.
   Umstellung: Einen langen Brief / schreibt / die liebe Mutter / ihrer alten Freundin.
   Ersetzung: Der nette Vater / schreibt / seinem kleinen Sohn / zwei kurze Ansichtskarten.
4. Die Großschreibung hat die Aufgabe, den Satz zu gliedern und leichter lesbar zu machen, indem sie den *rechten Rand der Satzglieder* mit Großbuchstaben markiert:
   Die liebe ***M***utter / schreibt / an ihre alte ***F***reundin / einen langen ***B***rief.
5. Der *rechte* Rand der Satzglieder wird „Kern" genannt. (Hier: Mutter, Freundin und Brief)
6. Der Kern ist das *Wichtigste* dieser Ergänzungen. Er kann nicht weggelassen werden, ohne die Aussage des Satzes zu verfälschen oder unerkennbar zu machen:
   *Die liebe schreibt an ihre alte einen langen. ???
7. Alles andere ist nicht unbedingt erforderlich, um den Sinn zu verstehen:
   Mutter schreibt Freundin Brief. („Telegrammstil")
8. Egal, welche lexikalischen Eigenschaften das isolierte Wort besitzt: Als Kern einer Nominalgruppe hat es immer die Eigenschaften eines Substantivs und ist demnach durch vorangestellte Attribute (z.B. durch gebeugte Adjektive und Partizipien) beliebig erweiterbar:
   Die *liebe, nette* Mutter schreibt an ihre *alte, gute* Freundin einen *langen, ausführlichen* Brief.
9. Die Großschreibung hat also zwei Aufgaben:
   - Sie hebt den wichtigen großgeschriebenen Kern von den übrigen Wörtern ab.
   - Sie teilt den Satz in überschaubare Portionen ein, nämlich in das Prädikat und in alle Ergänzungen.
   Die liebe, nette *Mutter* / schreibt / an ihre alte, gute *Freundin* / einen langen, ausführlichen *Brief*.

Für Schüler, die nur geringe Probleme mit der Großschreibung haben, würde auch die folgende zusätzliche Hilfestellung reichen:

Man schreibt ein Wort groß,
wenn man es innerhalb eines Satzes mit einem gebeugten Adjektiv oder Partizip erweitern kann.

Name:

Vorschlag zur Vorgehensweise (Seite 2)

Mit der Erkenntnis, dass der Hinweis „*Nur* Hauptwörter/Nomen/Substantive schreibt man groß" nicht alle Regularitäten zur Großschreibung abdeckt, sollen die Schüler zu Beginn dieser Sequenz konfrontiert werden. Dazu haben wir einen „Vorschlag zur Themeneinführung im Unterrichtsgespräch" vorbereitet (siehe unten). Für die Vermittlung eines alternativen Zugangs zur Groß- und Kleinschreibung wird jedoch die Kenntnis der wichtigsten Wortarten vorausgesetzt. Inwieweit dieses Wissen vorhanden ist, können nur Sie beurteilen. Für Sie als Lehr- und Förderkraft bedeutet das Folgendes:

- Für Schüler, die die Wortarten Substantiv, Adjektiv und Verb kennen und sicher zuordnen können, beginnt die Sequenz mit dem „Vorschlag zur Themeneinführung" (siehe unten). Weiter geht es dann mit den Übungen zur „Erarbeitung der satzbezogenen Großschreibung".
- Schüler, die die wichtigsten Wortarten noch *nicht* sicher zuordnen können bzw. über geringe Kenntnisse des Deutschen verfügen, könnten durch den Vorschlag zur Themeneinführung verunsichert werden. Beginnen Sie in diesen Fällen mit den anschließenden Arbeitsblättern zur wortartbezogenen Großschreibung, in denen das Erkennen von Substantiv, Adjektiv und Verb noch einmal erklärt wird.
- Im Zweifelsfall können Sie mithilfe des „Vorschlags zur Themeneinführung" überprüfen, wie gut sich die Schüler in der Wortartenlehre und den Prinzipien der Groß- und Kleinschreibung auskennen, und daraufhin entscheiden, mit welcher Übung gestartet werden soll.

<u>**Vorschlag zur Themeneinführung im Unterrichtsgespräch:**</u>

1. Fragen Sie die Schüler, was generell großgeschrieben wird. Mögliche Antworten:

- **Substantive bzw. Nomen** (hierzu gehören auch Eigennamen)
- Satzanfänge
- Titel
- Anredepronomina (in der Höflichkeitsform zwingend)
- (Überschriften)

Kommentieren und ergänzen Sie noch nicht; die Frage soll einen Prozess einleiten, in dem die Schüler über die Prinzipien der Groß- und Kleinschreibung nachdenken. Gleichzeitig dient die Frage der Kontrolle, wie gut die Schüler die Prinzipien kennen bzw. in welchem Maße sie sich ihrer bewusst sind.

Erklären Sie ggf. die Terminologie: In der vorliegenden Sequenz sprechen wir von „Substantiven", nicht von „Hauptwörtern" oder „Nomen". („Nomen" ist eigentlich der Oberbegriff für alle deklinierbaren Wortarten, worunter Substantive, Adjektive, Pronomen und einige Numerale zu fassen sind. Ein „Substantiv" ist ein „für sich selbst bestehendes Wort" in der bewussten Unterscheidung zum Adjektiv, das nicht ohne Bezug existieren kann.)

2. Schreiben Sie folgenden Satz in Kleinbuchstaben an die Tafel:

das gemütliche plaudern über das schicke blau seines neuen anzugs machte ihm großen spaß.

Lassen Sie den Satz von jedem Schüler unter Berücksichtigung der Großschreibung notieren.

Richtig ist:

Das gemütliche Plaudern über das schicke Blau seines neuen Anzugs machte ihm großen Spaß.

Name:

Vorschlag zur Vorgehensweise (Seite 3)

3. Fragen Sie der Reihe nach jedes Wort ab:

„Wer hat 'Das' großgeschrieben? Nenne den Grund dafür." (Satzanfang)

„Wer hat 'gemütliche' großgeschrieben? Nenne den Grund dafür."

„Wer hat 'Plaudern' großgeschrieben? Nenne den Grund dafür." Usw.

Verbessern Sie jetzt jede Großschreibung an der Tafel, zunächst ohne Kommentar. Unterstreichen Sie jedes großgeschriebene Wort. Besprechen Sie jede Großschreibung mit besonderem Augenmerk auf die Frage, welcher Wortart das großgeschriebene Wort angehört (außer: „Das"). Sammeln Sie für „Plaudern" und „Blau" Kontexte, in denen diese Wörter kleingeschrieben werden:

Großschreibung	**Wortart**	**Kleinschreibung (Beispiel)**
Das	Satzanfang	
Plaudern	substantiviertes Verb	Sie plauderten die ganze Nacht.
Blau	substantiviertes Adjektiv	Er trug einen blauen Anzug. Sein Anzug war blau.
Anzug	konkretes Substantiv	
Spaß	abstraktes Substantiv	

Erkenntnisse:

- Substantive können Gegenständliches wie einen Anzug, einen Pullover, einen Stuhl bezeichnen, aber auch abstrakte Dinge wie Spaß, Freude, Zeit.
- Wörter *aller* Wortarten können großgeschrieben werden. Ob ein Wort großgeschrieben wird, hängt von seiner Stellung im Satz und vom Kontext ab.

4. Woran lassen sich Substantivierungen erkennen?

- Sprechen Sie mit den Schülern darüber, was ein Substantiv auszeichnet:
  Man kann darüber reden, nachdenken, es beschreiben. Greifen Sie das Wort „Anzug" auf: Wie kann ein Anzug beschrieben werden? Beispiele: Der weite, enge, dunkle, helle, modische oder alte Anzug. Wie wird er *hier* beschrieben? Mit „neu": Der *neue* Anzug.
  Wie steht es mit „Spaß"? Der *große*, *heitere*, *unbändige* Spaß.
- Fragen Sie die Schüler nun, wie im Beispielsatz „Plaudern" und „Blau" beschrieben werden.
- Sammeln Sie alle Adjektive, durch die die großgeschriebenen Begriffe näher beschrieben werden: „gemütlichen", „schicke", „neuen", „großen".
  Fragen Sie die Schüler, was ihnen an diesen Wörtern auffällt. Hier sollte die letzte wichtige Erkenntnis erfolgen, nämlich: Es handelt sich *immer* um *gebeugte* Formen.
  Bilden Sie ggf. zur Hilfestellung die entsprechenden Grundformen:
  gemütlichen → gemütlich
  schicke → schick
  neuen → neu
  großen → groß

Falls an dieser Stelle bereits Fragen zu **Adverbien** auftauchen, schreiben Sie folgenden Satz an die Tafel:

„Wir wollen gemütlich plaudern."

Warum wird „plaudern" kleingeschrieben, wo doch „gemütlich" sich auch hier auf „plaudern" bezieht und dieses Wort näher beschreibt?

Antwort: „plaudern" fungiert in diesem Zusammenhang als *Verb*, „gemütlich" als *Adverb*. Das lässt sich daran erkennen, dass „gemütlich" *nicht gebeugt* ist. Großgeschrieben wird aber *nur* dann, wenn vor dem betreffenden Wort ein *gebeugtes* Adjektiv steht!

Name:

Wortartbezogen: Substantiv (Seite 1)

Die wichtigsten Wortarten sind **Substantiv**, **Adjektiv** und **Verb**.

Das Substantiv

In der deutschen Schriftsprache werden **Substantive groß**geschrieben. Der Hauptgrund dafür ist, dass deutsche Sätze sehr kompliziert gebaut sein können. Die Großschreibung hilft dem Leser dabei, sie sinnvoll zu gliedern und somit den Inhalt eines Textes schneller zu verstehen.

Woran kannst du nun Substantive erkennen? Ganz generell gilt, dass man über Substantive reden, sie beschreiben und Aussagen machen kann. Es gibt aber auch eine Menge formale Hinweise, die im Folgenden dargestellt sind:

1. Hinweis, woran du Substantive erkennen kannst:

Das Substantiv, auch „Nomen" oder „Hauptwort" genannt, benennt:

- **Lebewesen** (Mensch, Dackel, Rose),
- **Dinge** (Tisch, Stift, Teller)
- **abstrakte Begriffe** (Freude, Glück, Reichtum, Gesundheit),
- **Eigennamen** für Personen (Maria), Länder (Türkei), Städte (Berlin), Flüsse (Donau) usw.

Aufgabe 1:

Schau dir diesen Satz an und setze in die Klammern ein, wofür das Substantiv jeweils steht: Dinge, Lebewesen, Name oder abstrakter Begriff.

Als **Ulf** (_______________) mit seinem **Hund** (_______________) zwischen den **Bäumen** (_______________) lag und die **Sterne** (_______________) betrachtete, bekam er die **Idee** (_______________), nach **Amerika** (_______________) zu reisen.

---

2. Hinweis, woran du Substantive erkennen kannst:

Zu einem Substantiv gehört oft, aber nicht immer, ein **Artikel** (Begleiter).

Er kann **bestimmt** sein: **der** Freund, **die** Freundin, **das** Haus
Oder **unbestimmt**: **ein** Freund, **eine** Freundin, **ein** Haus

Aufgabe 2:

Unterstreiche in diesen zwei Sätzen die **Artikel** und die **Substantive**, zu denen sie gehören.

Auf der Party hat Sonja einen netten Jungen kennengelernt.
Er trug ein rotes Käppi und machte Späße über die Lehrer.

Name:

Wortartbezogen: Substantiv (Seite 2)

3. Hinweis, woran du Substantive erkennen kannst:

Einem Substantiv kann man **Adjektive** (Eigenschaftswörter) zuordnen:

Die Luft ist **klar**. Wir atmen die **klare** Luft.

Aufgabe 3:

Ergänze die Sätze mit *blau*, *heiß*, *kühl*:

Der Himmel ist ________. Wir schauen in den ____________ Himmel.

Die Sonne ist ____________. Wir schwitzen in der ______________ Sonne.

Das Wasser ist _________. Wir erfrischen uns im _____________ Wasser.

---

4. Hinweis, woran du Substantive erkennen kannst:

Substantive haben immer ein **Genus** (Geschlecht), nämlich:

Maskulinum (männlich: der Freund)
Femininum (weiblich: die Freundin)
Neutrum (sächlich: das Haus)

Aufgabe 4:

Schreibe aus diesem Satz die **Substantive** heraus und ordne ihnen ein **Geschlecht** zu:

Heute machen Katja und Ulf ein Picknick auf der kleinen Wiese am alten Zoo.

Substantiv	Geschlecht

Name:

Wortartbezogen: Substantiv (Seite 3)

5. Hinweis, woran du Substantive erkennen kannst:

Substantive haben meistens einen **Numerus**, und zwar:

Singular (Einzahl): das **Haus**,
Plural (Mehrzahl): die **Häuser**

Aufgabe 5:

Trage die **Substantive** aus folgendem Satz in die Tabelle ein und finde heraus, ob sie im **Singular** (Einzahl) oder **Plural** (Mehrzahl) stehen.

Auf der Feier in der alten Villa, die mit bunten Girlanden geschmückt war, gab es Chips und viele Getränke.

Substantiv	**Numerus**

6. Hinweis, woran du Substantive erkennen kannst:

In jedem Satz stehen die Substantive in einem der vier Fälle:

Nominativ (1. Fall), **Genitiv** (2. Fall), **Dativ** (3. Fall) oder **Akkusativ** (4. Fall).

Welcher Fall gerade zutrifft, findet man durch Fragen heraus:

Fall	**Beispielsatz**
Nominativ: Wer oder Was?	**Der Hund** bellt.
Genitiv: Wessen?	Die Ohren **des Hundes** sind lang.
Dativ: Wem?	Ich gebe **dem Hund** sein Fressen.
Akkusativ: Wen?	Ich kraule **den Hund**.

Name:

Wortartbezogen: Substantiv (Seite 4)

Aufgabe 6:
Schreibe aus diesem Satz die Substantive heraus und finde heraus, in welchem Fall sie stehen.

Ulf gab seiner Freundin einen Kuss und schlug die erste Seite des Buches auf.

Substantiv	Fall

7. Hinweis, woran du Substantive erkennen kannst:

Viele Substantive, die abstrakte Begriffe bezeichnen, kann man an einer der typischen Substantiv-Endungen erkennen:

-heit
-keit
-ung
-nis
-schaft
-tum

Aufgabe 7:
Bilde Sätze aus Wörtern mit obigen Endungen und schreibe sie auf.

Name:

Wortartbezogen: Adjektiv

Das Adjektiv

Adjektive, auch „Eigenschaftswörter" genannt, werden **klein**geschrieben.

Man benutzt sie, um ein Substantiv näher zu beschreiben. Adjektive antworten stets auf die Frage, **wie** etwas ist:

Der Kaffee ist **schwarz**. Lars trinkt **schwarzen** Kaffee. **Wie** ist der Kaffee? Schreibe auf:

____

Kira ist **hübsch**. Lars mag die **hübsche** Kira. **Wie** ist Kira? Schreibe auf:

____

Wie du siehst, kann man ein Adjektiv auf zwei unterschiedliche Weisen verwenden:

1. Man kann etwas über ein Substantiv **aussagen**: *Kira ist **hübsch**.*
2. Oder man kann das Adjektiv dem Substantiv direkt **zuordnen**:
   *Lars mag die **hübsche** Kira.*
   In diesem Fall bekommt das Adjektiv eine Endung. Man sagt auch, es wird **gebeugt**.

Aufgabe 1:

Finde im folgenden Satz die Adjektive und entscheide, ob sie gebeugt oder ungebeugt sind.

In dem großen Garten steht neben der zierlichen Birke ein alter Eichenbaum, dessen Blätter jetzt gelb werden.

Adjektiv	gebeugt oder ungebeugt?

Aufgabe 2:

Notiere dir hier zwei Merkmale, an denen du ein Adjektiv erkennen kannst:

1. ____

2. ____

Name:

Wortartbezogen: Verb

Das Verb

Verben, auch „Zeitwörter“ oder „Tätigkeitswörter“ genannt, werden **klein**geschrieben.

1. Hinweis: Das Verb beschreibt, was jemand *tut*:

*Lars **kippelt** mit dem Stuhl.* Was *tut* Lars? Er **kippelt**.
*Kira **schläft** auf dem Sofa.* Was *tut* Kira? Schreibe auf: Sie _______________.
*Der Mond **scheint** durch das Fenster.* Was *tut* der Mond? Schreibe auf: Er _____________.

2. Hinweis: Verben zeigen oft durch *Person* und *Numerus* an, *wer* etwas tut:

	Numerus	
Person	**Singular (Einzahl)**	**Plural (Mehrzahl)**
1. Person	Ich leb**e** in Berlin.	Wir leb**en** in Berlin.
2. Person	Du leb**st** in Berlin.	Ihr leb**t** in Berlin.
3. Person	Er leb**t** in Berlin.	Sie leb**en** in Berlin.

3. Hinweis: Verben haben unterschiedliche *Zeiten*, zum Beispiel:

Präsens (Gegenwart): *Lars **kippelt** mit dem Stuhl.*
Präteritum (1. Vergangenheit): *Lars **kippelte** mit dem Stuhl.*
Perfekt (2. Vergangenheit): *Lars **hat** mit dem Stuhl **gekippelt**.*
Futur I (Zukunft): *Lars **wird** mit dem Stuhl **kippeln**.*

Aufgabe:
- Finde die Verben im Text und trage sie in die Tabelle ein.
- Fülle die Spalten für Person, Numerus und Tempus (Zeit) aus.

Die Uhr tickt. Wusstest du, dass Kira seit zwei Tagen kaum geschlafen hat? Gestern fielen ihr schon die Augen zu, als sie am Schreibtisch saß. Wir lernen gemeinsam für die Matheklausur und hoffen, dass wir beide eine gute Note bekommen werden.

sie tickt	3. Person, Singular, Präsens

Name:

Wortartbezogen: Substantiv, Adjektiv und Verb

1. Unterstreiche alle Substantive, Adjektive und Verben in jeweils einer Farbe.
2. Verbessere die Großschreibung wie im Beispiel.

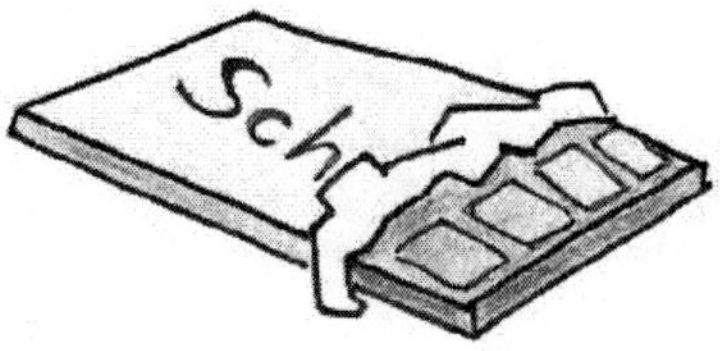

G
Süßes ~~g~~lück

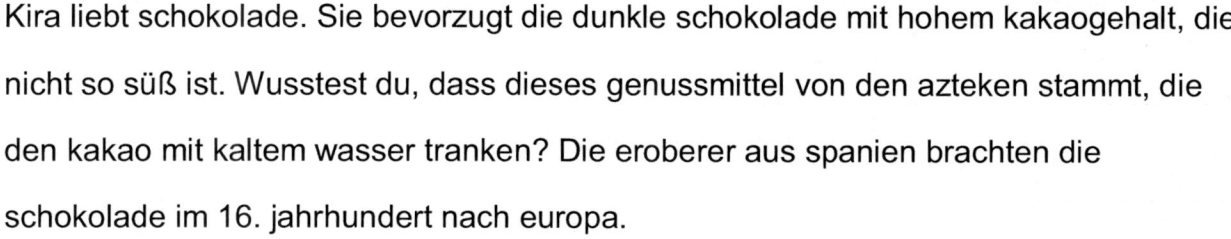

Kira liebt schokolade. Sie bevorzugt die dunkle schokolade mit hohem kakaogehalt, die nicht so süß ist. Wusstest du, dass dieses genussmittel von den azteken stammt, die den kakao mit kaltem wasser tranken? Die eroberer aus spanien brachten die schokolade im 16. jahrhundert nach europa.

Kakao, der grundbestandteil von schokolade, wird in ländern produziert, die am äquator liegen. Während konzerne mit der produktion von schokolade große gewinne einfahren, erhalten die kakaobauern nur geringen lohn. Deswegen kauft kira schokolade, die fair gehandelt wurde.

3. Schreibe jetzt den Text mit richtiger Großschreibung ab.

Name:

Satzbezogen: Erarbeitung (Seite 1)

beim langsamen gehen
durch das dunkle grün
im kleinen wald
bekam der alte tom
eine gute idee.

Aufgabe 1: Abschreiben

- Schreibe den obigen Satz mit *richtiger Großschreibung* ab.

Name:

Satzbezogen: Erarbeitung (Seite 2)

So sieht der Satz richtig aus:

Beim langsamen **G**ehen
durch das dunkle **G**rün
im kleinen **W**ald
bekam der alte **T**om
eine gute **I**dee.

Aufgabe 2: Vergleichen

- Vergleiche die Lösung mit dem, was du geschrieben hast.
- Verbessere gegebenenfalls.

Aufgabe 3: Achte auf die *groß*geschriebenen Wörter!

- „Beim" wird großgeschrieben, weil das der Satzanfang ist, so viel ist klar.
- Was ist mit „Gehen", „Grün", „Wald", „Tom" und „Idee"?
- Ordne diesen Wörtern die richtige Wortart zu:

Wortbeispiel:	Wortart:

Aufgabe 4: Schau dir jetzt den Beispielsatz noch einmal an.

Wie du siehst, können auch Wörter, die eigentlich keine Substantive sind, großgeschrieben werden. Man spricht hier von „Substantivierungen":

- „Gehen" ist zwar ursprünglich ein Verb, wird hier aber wie ein Substantiv gebraucht.
- „Grün" ist zwar eigentlich ein Adjektiv, wird hier aber ebenfalls wie ein Substantiv gebraucht.

Name:

Satzbezogen: Erarbeitung (Seite 3)

Aufgabe 5: Wie kannst du solche Substantivierungen erkennen?

a) Betrachte den Beispielsatz noch einmal:

Beim langsamen **G**ehen durch das dunkle **G**rün im kleinen **W**ald bekam der alte **T**om eine gute **I**dee.

- Unterstreiche die Wörter, die *direkt vor* den Substantiven stehen.
- Welcher *Wortart* gehören sie an? ________________
- Sind sie *gebeugt?* Ja ☐ Nein ☐

b) Betrachte jetzt diese Satzglieder:

Der nette Holger
überreicht
seiner hübschen Freundin
mit herzlichem Lächeln
ein buntes Halstuch
aus reiner Seide.

- An welcher Stelle stehen die großgeschriebenen Wörter?

Antwort: ____

- Unterstreiche alle Adjektive.
- Welche Endungen haben sie?

Antwort: Die Adjektive haben die Endungen ____, ____, ____, ____ und ____.

Aufgabe 6: Versuche nun, die Lücken im Merksatz zu füllen.

Für die Großschreibung eines Wortes im Satz müssen zwei Bedingungen erfüllt sein:

1. Das Wort steht am ________________ Rand eines Satzgliedes.
2. Es ist nach links durch ____________________ ________________________

   mit den Endungen ___, ___, ___, ___ und ___ erweiterbar.

Name:

Satzbezogen: Erweitern der Substantive üben (Seite 1)

Wörter, die du **groß**schreiben musst, erkennst du auch daran, dass du **gebeugte Adjektive** und **Partizipien** davorsetzen kannst.
Partizipien (Mittelwörter) werden aus Verben gebildet:

lachen → das **lachende** Gesicht (Partizip Präsens)

putzen → der **geputzte** Schuh (Partizip Perfekt)

Aufgabe 1: Lücken füllen

- Setze die Adjektive und Partizipien im Kasten vor die passenden Substantive im Text.
- Beachte ihre Form.

Adjektive: innig, rot, klapprig, östlich, klein, neu, riesig, laut, leer

Partizipien: strahlend, untergehend, drohend, geliebt, gewunden

Eine seltsame Begegnung

Mit einem innigen Kuss verabschiedete sich Michael von seiner _______________ Freundin und stieg in sein _______________ Auto.
Auf der _______________ Landstraße fuhr er im _______________ Schein der _______________ Abendsonne Richtung Westen, während am _______________ Himmel _______________ Wolken aufzogen. Als er im Handschuhfach nach einer ____________ CD suchte, überfuhr er eine _____________ Ampel. Ein ________________ Lastwagen donnerte mit ____________ Getöse äußerst knapp an ihm vorbei. Michael erschrak furchtbar und parkte erst einmal zitternd an einer _______________ Tankstelle.
Dort blieb er sitzen, bis er sich wieder etwas beruhigt hatte, nutzte aber anschließend gleich die Gelegenheit, um den fast ___________ Tank aufzufüllen.

Name:

Satzbezogen: Erweitern der Substantive üben (Seite 2)

Aufgabe 2: Finde jetzt selbst passende Adjektive oder Partizipien.
- Setze ihre gebeugten Formen vor die großgeschriebenen Wörter.

Nachdem das erledigt war, ging Michael in den ______________ Tankstellenshop, nahm sich eine ______________ Flasche Cola aus dem Kühlschrank und wollte gerade bezahlen, als er einen ______________ Mann mit einem merkwürdigen Hut an der Kasse bemerkte. Der ______________ Alte hatte ihn die ganze Zeit lang über den Rand seiner ______________ Brillengläser hinweg beobachtet. Plötzlich lächelte er und sprach Michael an: „Gut, dass du hier bist!"
Michael machte ein ________________ Gesicht. „Kennen wir uns?", fragte er vorsichtig. „Sagen wir mal so: Ich kenne *deine Zukunft*", erklärte der Mann, „und du solltest noch warten, bevor du wieder zu deinem Auto gehst!"
Michael zuckte mit den Schultern und hielt dem ______________ Tankwart an der Kasse einen ______________ Geldschein hin. Was ging ihn der ____________ Kerl überhaupt an? Nachdenklich steckte er sein _________________ Portemonnaie in die Hosentasche und wollte schon die Ladentür öffnen. Aber irgendwie fühlte er sich von dem ___________________ Blick des Alten zurückgehalten. Er zögerte… und genau in diesem Moment wurde der _______________ Laden taghell erleuchtet. Ein ______________ Blitz zuckte über den ______________ Himmel, gefolgt von einem ______________ Donnern. Gleich darauf krachte es so heftig, dass die ___________ Fensterscheiben erzitterten. Entgeistert beobachtete Michael, wie die __________ Tanne an der Tankstellenausfahrt Feuer fing und nach ____________ Sekunden lodernd und ______________ Funken sprühend auf die Straße krachte.
Der ________________ Alte nickte Michael mit ______________ Miene zu und verließ den Laden.

Aufgabe 3: Achte noch einmal auf die Endungen der Adjektive und Partizipien:
- Welche Endungen tauchen auf? ___, ___, ___, ___ und ___

Lass deiner Fantasie freien Lauf!
- *Wie könnte die Geschichte weitergehen?*
- *Was könnte es mit dem seltsamen Greis auf sich haben?*
- *Erfinde einen Schluss.*

Name:

Satzbezogen: Erkennen von Nominalgruppen üben (Seite 1)

Die Großschreibung gliedert Sätze.
Doch wie findet man die einzelnen Satzglieder heraus?

In warmen Sommernächten betrachtet der schlaflose Tobias
in dem verwilderten Garten mit seinem neuen Fernrohr die funkelnden Sterne.

Aufgabe 1: Finde und unterstreiche das Verb im obigen Satz.
Hinweis: Das *Prädikat* (die *Satzaussage*) eines Satzes ist immer ein *Verb*. Es drückt aus, was *geschieht* bzw. was jemand *tut*.

Aufgabe 2: Stelle den Satz so um, dass du auf die Fragen antwortest.

Beispiel: Wann (betrachtet Tobias die Sterne)?
In warmen Sommernächten betrachtet der schlaflose Tobias
in dem verwilderten Garten mit seinem neuen Fernrohr die funkelnden Sterne.

Wer (betrachtet die Sterne)?

____

____

Wo?

____

____

Womit?

____

____

Was (betrachtet Tobias)?

____

____

Name:

Satzbezogen: Erkennen von Nominalgruppen üben (Seite 2)

In warmen Sommernächten betrachtet der schlaflose Tobias
in dem verwilderten Garten mit seinem neuen Fernrohr die funkelnden Sterne.

Formuliere jetzt den ganzen Satz als Frage:

Aufgabe 3: Schreibe Prädikat und Satzglieder untereinander auf:

Prädikat:

Aufgabe 4: Achte jetzt auf die Großschreibung.
- Wo stehen die großgeschriebenen Wörter?

Aufgabe 5: Zerlege auch diesen Satz in Prädikat und Satzglieder.
- Schreibe den Satz mit richtiger Großschreibung auf.

Mit heftigem kopfschütteln verneint der grimmige ulf die gutgemeinte frage.

Prädikat:

Name:

Satzbezogen: Erkennen von Nominalgruppen vertiefen

Übe noch ein bisschen!
Schreibe die einzelnen Satzglieder mit richtiger Großschreibung untereinander.

Aus schierer langeweile kritzelt der schläfrige lars in der eintönigen deutschstunde alberne smileys auf die hölzerne tischplatte.

Am späten nachmittag gibt die fröhliche kira ihrem kleinen dackel in einer silbernen schüssel einen riesigen knochen.

In roter kriegsbemalung tanzen die tapferen indianer am frühen morgen mit hölzernen tomahawks zu dumpfen trommelschlägen vor ihren spitzen zelten.

Name:

Satzbezogen: Großschreibung der Kerne von Nominalgruppen vertiefen

Aufgabe: Hier findest du Prädikate und verschiedene weitere Satzglieder.

- Schneide sie aus und sortiere sie.
- Jeder Satz besteht aus dem *Prädikat* und *drei weiteren Satzgliedern.*
- Kombiniere die Schnipsel zu sechs sinnvollen Sätzen und verbessere die Großschreibung.
- Du weißt, dass jedes der Satzglieder am Anfang eines Satzes stehen kann!
- Wenn du möchtest, kannst du auch Fragen bilden.

Chemiestunde in der 10 a

eine gelbe flüssigkeit	vor dem gekachelten pult
eine winzige spinne	erhebliche schwierigkeiten
beim angestrengten lernen	der stämmige frank
im großen erlenmeyerkolben	mit diversen substanzen
die hungrige paula	seit einer viertelstunde
die schwüle sommerhitze	das staubige fenster
an einem dünnen faden	mit beherztem griff
über der ahnungslosen ayse	der schwitzende lehrer
auf den erlösenden gong	mit knurrendem magen

öffnet	wartet	blubbert
bereitet	schwebt	hantiert

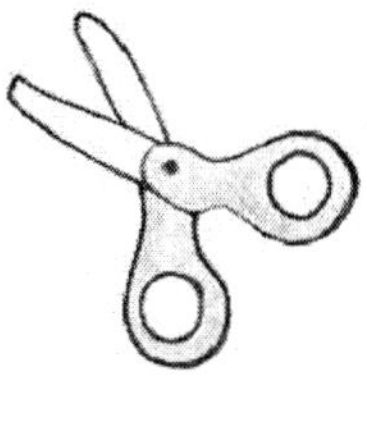

Name:

Satzbezogen: Grundregel automatisieren

1. Verbessere die Sätze hinsichtlich der Großschreibung.
Tipps zur Vorgehensweise:
- Unterstreiche das Prädikat (Verb).
- Trenne den Satz mit Schrägstrichen in seine einzelnen Satzglieder.
- Verbessere dann die Großschreibung.

die bezaubernde karin erscheint zum diesjährigen karneval als bunter schmetterling.

die lustige hochzeitsgesellschaft tanzt unter großem gelächter den albernen ententanz.

die kecke ursula überredet den faulen gerd zu einem weiteren tanzkurs.

im riesigen russland leben über 100 verschiedene völkerschaften.

der edle ritter schenkt seinem geliebten burgfräulein zum heutigen geburtstag ein ganzes wildschwein.

der hungrige tiger beobachtet seit einigen minuten mit knurrendem magen die grasende gazelle.

2. Hier ist das Prädikat mehrteilig.
- Unterstreiche zuerst alle Teile des Verbs und suche dann die großzuschreibenden Wörter.

der wagemutige akrobat will auf dem hohen seil einen perfekten purzelbaum vorführen.

in der trockenen wüste muss der mutige überlebenskünstler giftige skorpione essen.

an jedem freien sonntag möchte die alte großtante in ihrem geblümten kleid zu einem leckeren essen ausgeführt werden.

den ganzen tag darf der dicke koch mit seinem hölzernen löffel von allen köstlichen speisen probieren.

das monatelange blühen hat der tropischen hängepflanze sämtliche kräfte geraubt.

im nebligen herbst wird bei den europäischen laubbäumen das saftige grün in leuchtendes gelb verwandelt.

Name:

Satzbezogen: Präpositionale Attribute erkennen (Seite 1)

Aufgabe 1: Finde das Prädikat und die einzelnen Satzglieder heraus.
- Wende dabei die Umstellprobe an.
- Achte auf die großgeschriebenen Wörter.
- Schreibe deine Beobachtung auf.

Auf der Feier von Ayse sind am frühen Abend viele Gäste.

Prädikat: ______

Das Mädchen mit den Rastazöpfen lästert bis in die späte Nacht über die Lehrer.

Prädikat: ______

Die laute türkische Rockmusik übertönt das Klopfen an der Tür.

Prädikat: ______

Beobachtung:

Name:

Satzbezogen: Präpositionale Attribute erkennen (Seite 2)

Aufgabe 2: Vergleiche deine Beobachtung mit der Lösung zu Aufgabe 1.
- Überlege: Wie kannst du herausfinden, dass „Feier“, „Mädchen“ und „Klopfen“ großgeschrieben werden, obwohl sie *nicht* am *rechten Rand des Satzgliedes* stehen?

Aufgabe 3: Lies jetzt die Lösung zu Aufgabe 2.

Aufgabe 4: Verwende die Erklärung bei den folgenden Sätzen.
- Unterstreiche das Prädikat und trenne die Satzglieder mit Schrägstrichen voneinander ab.
- Wende die Erweiterungsprobe auf die Wörter an, die *nicht* am rechten Rand des Satzgliedes stehen.
- Verbessere die Großschreibung.

der verträumte timo läuft gegen die tür aus glas

die katze auf dem baum beäugt den mann auf der leiter

in dem laden an der ecke kauft kira jeden mittwoch tee aus china

auf der reise nach moskau hat katja tänze aus russland kennengelernt.

Name:

Satzbezogen: Genitivattribute und sächsischer Genitiv (Seite 1)

Monika fährt mit dem Fahrrad ihres Bruders auf der Landstraße.

Bei Sonnenschein wehen die Haare des Mädchens im Wind.

Aufgabe 1: Wende bei obigen Sätzen die Umstellprobe an.

- Welche Satzglieder bleiben zusammen? Unterstreiche sie rot.

Aufgabe 2: Schreibe die beiden Sätze erneut auf.

- Erweitere die großgeschriebenen Wörter, die *nicht* am rechten Rand des Satzgliedes stehen:

Aufgabe 3: Beantworte die Frage!

- In welchem Fall stehen „Bruder“ und „Mädchen“ hier? Im ________________________

Aufgabe 4: Trenne den Satz mit Schrägstrichen in Prädikat und Satzglieder.

Timo unternimmt seine ersten Fahrversuche mit Vaters Wagen.

- Welches großgeschriebene Wort steht *nicht* am rechten Rand des Satzgliedes? ___________
- Kannst du dieses Wort mit einem gebeugten Adjektiv oder Partizip sinnvoll erweitern? ______

Name:

Satzbezogen: Genitivattribute und sächsischer Genitiv (Seite 2)

Aufgabe 5: Wende einen Trick an!
- Ändere das unterstrichene Satzglied so, dass du „Vater“ und „Wagen“ erweitern kannst:

Timo unternimmt seine ersten Fahrversuche mit Vaters Wagen.

Aufgabe 6: Lies die Lösung zu Aufgabe 5.
- Verbessere dann bei den folgenden Sätzen die Großschreibung.
- Verwandle die „sächsischen Genitive“ in Genitivattribute und erweitere sie anschließend.

der wunsch meiner schwester ging in erfüllung.

an diesem abend lauschte die ganze familie großvaters erzählungen.

der klang seiner stimme hatte eine beruhigende wirkung.

der schein der kerzen erfüllte den raum.

der alte kater räkelte sich in mutters armen.

Name:

Satzbezogen: Wiederholung des bisher Gelernten im Text (Seite 1)

Du hast jetzt bereits gelernt:

Großgeschrieben wird ein Wort dann, wenn du innerhalb des Satzes ein **gebeugtes Adjektiv** oder **Partizip** davorsetzen kannst. Dieser Trick heißt **Erweiterungsprobe**.

Aufgabe:

- Setze im Text die eingeklammerten Satzglieder mit verbesserter Großschreibung in die Lücken ein.
- Achte auf gebeugte Adjektive und Partizipien. Wenn im Text keine angeboten werden, wendest du in Gedanken die Erweiterungsprobe an.
- Streiche anschließend die Angaben in den Klammern durch.

Beispiele:

*mit einem Löffel → mit einem **kleinen** Löffel*

*eine Schere mit Plastikgriff → eine **scharfe** Schere mit **rotem** Plastikgriff*

*die Farbe der Schere → die **rote** Farbe der **scharfen** Schere*

Ersetze und erweitere den sächsischen Genitiv in Gedanken so:

*Mutters Schere → die **scharfe** Schere der **umsichtigen** Mutter*

Ersetze und erweitere Mengenangaben in Gedanken so:

*eine Tasse Wasser → eine **volle** Tasse von dem **klaren** Wasser*

Blumenkohlauflauf

Aus *Vaters schneller Küche* ~~(vaters schneller küche)~~ stammt ______________________

(dieses rezept) für ______________________ (leas lieblingsauflauf). Willst du es ausprobieren? So geht es:

Du nimmst ein ______________________ (messer mit großer klinge) und ______________________ (einen kopf blumenkohl), den du ______________________ (in kleine röschen) zerteilst. Dazu schneidest du ______________________ (ein pfund kartoffeln), die du vorher geschält hast, ______________________ (in mundgerechte stückchen).

Name:

Satzbezogen: Wiederholung des bisher Gelernten im Text (Seite 2)

Die ______________________ (blätter des blumenkohls) und ______________________ (die schalen der kartoffeln) kommen ______________________ (in den biomüll).
______________________ (blumenkohlröschen und kartoffelstückchen) werden ______________________ (in gesalzenem wasser) gekocht, bis sie bissfest sind.
Währenddessen lässt du ______________________ (ein halbes stück butter) in einem zweiten Topf ______________________ (auf kleiner flamme) schmelzen und gibst ______________________ (einige esslöffel mehl) hinzu, bis aus beidem ______________________ (eine feste masse) wird.
Dann fügst du unter Rühren ______________________ (so viel milch) dazu, dass ca. ______________________ (ein liter dickflüssige soße) entsteht.
______________________ (diese soße aus mehl und butter) heißt Mehlschwitze. Würze sie mit ______________________ (einer prise geriebener muskatnuß) und ______________________ (einigen tropfen zitronensaft). Nimm nun ______________________ (eine eingefettete auflaufform) und fülle sie ______________________ (mit dem kleingeschnittenen gemüse).
Wenn du möchtest, kannst du das Ganze ______________________ (mit wurststückchen) verfeinern (Cabanossi* sind sehr passend). Gib nun ______________________ (die soße) darüber und bestreue den Auflauf danach mit Käse.
Schiebe ihn ______________________ (in den backofen) und lasse ihn bei 250° C backen, bis der Käse golden und leicht gebräunt ist (ca. 20 Minuten). Guten Appetit!

***Cabanossi?** Das sind Dauerwürste aus Rind- und Schweinefleisch, mit Speckwürfeln und Gewürzen, u.a. Knoblauch.*

Name:

Satzbezogen: Wiederholung des bisher Gelernten im Text (Seite 1)

Du hast jetzt bereits gelernt:

Großgeschrieben wird ein Wort dann, wenn du innerhalb des Satzes ein **gebeugtes Adjektiv** oder **Partizip** davorsetzen kannst. Dieser Trick heißt **Erweiterungsprobe**.

Aufgabe:

- Setze im Text die eingeklammerten Satzglieder mit verbesserter Großschreibung in die Lücken ein.
- Achte auf gebeugte Adjektive und Partizipien. Wenn im Text keine angeboten werden, wendest du in Gedanken die Erweiterungsprobe an.
- Streiche anschließend die Angaben in den Klammern durch.

Ersetze und erweitere den sächsischen Genitiv in Gedanken so:

Mutters Schere → die scharfe Schere der umsichtigen Mutter

Ersetze und erweitere Mengenangaben in Gedanken so:

eine Tasse Wasser → eine volle Tasse von dem klaren Wasser

Blumenkohlauflauf

Aus ____________________ (vaters küche) stammt ____________________ (dieses rezept) für ____________________ (leas lieblingsauflauf). Willst du es ausprobieren? So geht es: Du nimmst ein ____________________ (messer mit großer klinge) und ____________________ (einen kopf blumenkohl), den du ____________________ (in röschen) zerteilst. Dazu schneidest du ____________________ (ein pfund kartoffeln), die du vorher geschält hast, ____________________ (in stückchen). Die ____________________ (blätter des blumenkohls) und ____________________ (die schalen der kartoffeln) kommen ____________________ (in den biomüll). ____________________ (blumenkohlröschen und kartoffelstückchen) werden ____________________ (in wasser) gekocht, das du vorher gesalzen hast, bis sie bissfest sind. Währenddessen lässt du ____________________ (ein stück butter) (ca. 125g) ____________________ (in einem zweiten topf) ____________________ (auf kleiner flamme) schmelzen und gibst

Name:

Satzbezogen: Wiederholung des bisher Gelernten im Text (Seite 2)

________________________ (einige esslöffel mehl) hinzu, bis aus beidem ________________________ (eine feste masse) wird.
Dann fügst du unter Rühren ________________________ (so viel milch) dazu, dass ca. ________________________ (ein liter dickflüssige soße) entsteht. ________________________ (diese soße aus mehl und butter) heißt Mehlschwitze. Würze sie mit ________________________ (einer prise muskatnuss) und ________________________ (einigen tropfen zitronensaft). Nimm nun ________________________ (eine gefettete auflaufform) und fülle sie ________________________ (mit dem gemüse). Wenn du möchtest, kannst du das Ganze ________________________ (mit wurststückchen) verfeinern (Cabanossi* sind sehr passend). Gib nun ________________________ (die soße) darüber und bestreue den Auflauf danach mit Käse. Schiebe ihn ________________________ (in den backofen) und lasse ihn bei 250° C backen, bis der Käse golden und leicht gebräunt ist (ca. 20 Minuten). Guten Appetit!

Suche aus Kochbüchern oder dem Internet ein anderes Rezept.
Schreibe es hier auf und unterstreiche danach alle Mengenangaben:

____

____

____

____

____

____

____

____

____

____

***Cabanossi?** *Das sind Dauerwürste aus Rind- und Schweinefleisch, mit Speckwürfeln und Gewürzen, u.a. Knoblauch.*

Name:

Satzbezogen: Wiederholung des bisher Gelernten im Text (Seite 1)

Du hast jetzt bereits gelernt:

Großgeschrieben wird ein Wort dann, wenn du innerhalb des Satzes ein **gebeugtes Adjektiv** oder **Partizip** davorsetzen kannst. Dieser Trick heißt **Erweiterungsprobe**.

Aufgabe:

- Verbessere bei diesem Text die Großschreibung. Schreibe ihn dazu auf ein leeres Blatt.
- Achte auf gebeugte Adjektive und Partizipien. Wenn im Text keine angeboten werden, wendest du in Gedanken die Erweiterungsprobe an.
- Achte auch auf die Großschreibung am Satzanfang.

Ersetze und erweitere den sächsischen Genitiv in Gedanken so:

Mutters Schere → die scharfe Schere der umsichtigen Mutter

Ersetze und erweitere Mengenangaben in Gedanken so:

eine Tasse Wasser → eine volle Tasse von dem klaren Wasser

blumenkohlauflauf

aus vaters küche stammt dieses rezept für leas lieblingsauflauf. willst du es ausprobieren? so geht es: du nimmst ein messer mit großer klinge und einen kopf blumenkohl, den du in röschen zerteilst. dazu schneidest du ein pfund kartoffeln, die du vorher geschält hast, in stückchen. die blätter des blumenkohls und die schalen der kartoffeln kommen in den biomüll. blumenkohlröschen und kartoffelstückchen werden in wasser gekocht, das du vorher gesalzen hast, bis sie bissfest sind. währenddessen lässt du ein stück butter (ca. 125g) in einem zweiten topf auf kleiner flamme schmelzen und fügst einige esslöffel mehl hinzu, bis aus beidem eine feste masse wird. dann fügst du unter rühren so viel milch dazu, dass ca. ein liter dickflüssige soße entsteht. diese soße aus mehl und butter heißt mehlschwitze. würze sie mit einer prise muskatnuss und einigen tropfen zitronensaft. nimm nun eine auflaufform (vorher einfetten!) und fülle sie mit dem gemüse. wenn du möchtest, kannst du den auflauf mit wurststückchen verfeinern (cabanossi* sind sehr passend). gib nun die soße darüber und bestreue den auflauf danach mit käse. schiebe ihn in den backofen und lasse ihn bei 250° C backen, bis der käse golden und leicht gebräunt ist (ca. 20 minuten). guten appetit!

Suche aus Kochbüchern oder dem Internet ein anderes Rezept.
Schreibe es ebenfalls auf ein leeres Blatt und unterstreiche alle Mengenangaben.

Cabanossi? Das sind Dauerwürste aus Rind- und Schweinefleisch, mit Speckwürfeln und Gewürzen.

Name:

Weitere Signale: Artikel

Du weißt, dass du Substantive oft auch daran erkennen kannst, dass **im Satz ein Artikel zu ihnen gehört**. Es gibt:

- bestimmte Artikel (der, die, das) und
- unbestimmte (ein, eine).

Beide kommen natürlich auch in **gebeugten** Formen vor (dem, den, einem usw.).

Aufgabe:
- Unterstreiche alle Artikel und die Wörter, zu denen sie gehören.
- Verbessere die Großschreibung wie im Beispiel.
- Schreibe dann die vollständigen Sätze mit korrekter Großschreibung auf die Zeilen.

D
~~die~~ stadtverwaltung hat das skaten auf dem bahnhofsvorplatz verboten.

die tolle figur der schönheit auf der tanzfläche bringt die jungen völlig durcheinander.

ein lautes krachen aus dem oberen stockwerk riss den alten mann aus dem schlaf.

auf dem fußboden herrschte ein heilloses durcheinander.

ein wink mit dem zaunpfahl half ihm auf die sprünge.

Name:

Weitere Signale: Artikel mit Präpositionen verschmolzen

Artikel können „versteckt“ sein,
wenn sie beispielsweise mit **Präpositionen verschmelzen**:

in + dem	= im	zu + dem	= zum
in + das	= ins	zu + der	= zur
auf + das	= aufs	bei + dem	= beim
an + dem	= am	von + dem	= vom

Aufgabe: Suche alle Artikel, auch die „versteckten“.
- Unterstreiche sie und die Wörter, zu denen sie gehören.
- Löse versteckte Artikel auf und verbessere die Großschreibung wie im Beispiel.
- Schreibe dann die vollständigen Sätze mit korrekter Großschreibung auf die Zeilen.

D E F
das **e**ssen war vom (von + dem) **f**einsten.

das lachen blieb ihm im ( ) hals stecken.

____

es gab süßes vanilleeis zum ( ) apfelkuchen.

____

das schrille läuten der türklingel störte sie beim ( ) essen.

____

das spazierengehen im ( ) grünen langweilte ihn.

____

mit der bemerkung hat die kluge ayse mal wieder ins ( ) schwarze getroffen.

____

Name:

Weitere Signale: Pronomen und Fragewörter

Weitere **Signale** für Großschreibung sind zum Beispiel:
- **Pronomen**: **Sein** Schnarchen war unerträglich.
- **Fragewörter**: **Welches** Blau nimmst du für die Wände deines Zimmers?

Aufgabe: Was passt wo zu was?
- Fülle die Lücken mit den passenden Wörtern und achte auf die Großschreibung.

welchem	dieser	welchen	diese	wessen
sein	dieses	ihr	welche	dein

gegröle	ton	bestes	spaß	kleine
flüstern	lächeln	disco	getue	buch

In ____________ ____________ gehen wir heute?

Weißt du, zu wem ____________ ____________ gehört?

____________ ____________ war kaum zu verstehen.

____________ ____________ gefällt mit nicht!

Einfach bezaubernd, ____________ ____________ !

____________ ____________ ist auf der Straße zu hören?

____________ ____________ hatten wir damals beim Fußballspiel!

In ____________ ____________ hast du das denn gelesen?

____________ ____________ geht mir auf die Nerven.

Immerhin hat er ____________ ____________ gegeben.

Name:

Weitere Signale: Zahlwörter und Mengenangaben

Substantive und als Substantiv gebrauchte **Adjektive** erkennst du auch an vorangestellten **Zahlwörtern** und **Mengenangaben** wie

zwei, hundert, alles, allerlei, etwas, genug, nichts, viel, wenig usw.

Setze die Zahlwörter und Mengenangaben passend in den Text ein.
Ergänze auch den Anfangsbuchstaben der großzuschreibenden Wörter.

alles nichts genügend ausreichend drei viel
etwas (2x) mancher zwei wenige allerlei fünf

Tee, Gebäck und Lahmacun

Gestern hatte Ayse gut zu tun: Kira und Sonja wollten zu Besuch kommen, und so hatte sie sich vorgenommen, ___________ ___esonderes kochen.

Aus _______ ___iern, Mehl, Hefe und ________________ ___asser machte sie einen Teig, rollte kleine Fladen aus und bestrich diese mit ______ gewürztem ___ackfleisch. _________ __inuten im Backofen gebacken – fertig war die türkische Pizza, genannt „Lahmacun“, die ihre Mutter schon zu _____________ __elegenheit angeboten hatte. Dazu sollte es ________ ___üßes geben. Ayse hatte noch ______________ ___eit und buk deshalb leckere türkische Plätzchen aus einem Teig, der schon am Abend vorher zubereitet werden musste. Nur _____________ ___inuten, nachdem sie die Plätzchen goldbraun und duftend aus der Backröhre geholt hatte, klingelte es und die Freundinnen standen vor der Tür.

Alles schmeckte ausgezeichnet und Ayse hätte __________ ___esseres anbieten können.

Die _________ ___ädchen hatten sich _______________ ___eues zu erzählen und schwatzten bei stark gesüßtem schwarzem Tee bis in den späten Abend. Dann wünschte Ayse ihren Freundinnen noch schnell __________ ___ute für die bevorstehende Mathearbeit, und die drei verabschiedeten sich mit einer herzlichen Umarmung.

Wusstest du schon, dass

- *in der türkischen Kultur der Tee „çay“ (gesprochen: tschai) heißt und nicht in Tassen, sondern in kleinen Gläsern serviert wird,*
- *in der Türkei ausschließlich schwarzer Tee getrunken wird und das zu jeder Tageszeit,*
- *in manchen Gegenden der Türkei einfach ein Zuckerwürfel unter die Zunge gelegt wird und auf diese Weise bis zu 30 Tassen Tee gesüßt werden?*

Name:

Weitere Signale: Präpositionen

Schau dir diesen Satz an:

<u>Durch</u> Drücken der „Escape"-Taste verlässt du das Programm.

Substantive und als Substantiv gebrauchte Wörter erkennst du also auch an **vorangestellten Präpositionen** (Verhältniswörtern)!
Zusätzlich kannst du hier gebeugte Adjektive und Partizipien ergänzen:

<u>Durch</u> einmalig**es**, vorsichtig**es**, kurz**es** **D**rücken...

Aufgabe: In den Kästchen findest du Substantive, Adjektive und Verben.
- Setze sie mit den dazugehörigen Präpositionen in die Lücken ein.
- Achte auf…? Richtig: die Großschreibung! ☺
- Ergänze zusätzlich mit Adjektiven oder Partizipien (in Klammern).

bei	mit	durch	wegen	auf
jammern	anraten	rot	warten	bauarbeiten

Pech gehabt!?
Eigentlich sollte es Sommer sein. Timo und Lars fuhren mit ihren Rädern <u>bei</u> <u>(strömendem)</u> <u>Regen</u> über die Landstraße. Vor ihnen tauchten blinkende gelbe Lichter auf: Die linke Spur war ____________ (____________) ________________ gesperrt – daneben leuchtete eine Ampel. Auch ________ (____________) ________________ seines Freundes bremste Lars nicht. Er wollte seine kostbare Zeit nicht ________ (______________) ________________ verbringen und raste deshalb _______ (____________) __________ über die Ampel. Als ihm der Mercedes entgegenkam, wollten beide bremsen, doch die Straße war zu nass... Lars flog in hohem Bogen über die Motorhaube und brach sich das rechte Bein. Als er am Montag auf Krücken in die Schule kam, war endlich Sommer. Lars fluchte und schimpfte, doch _________ (___________) ______________ wuchsen die Knochen nicht schneller zusammen...

Name:

Weitere Signale: Wiederholung

1. Lies den Text aufmerksam durch.

2. Unterstreiche die Wörter, von denen du glaubst, dass sie großgeschrieben werden müssen.

Nur Mut!??

Heute unternehmen kira und ayse eine fahrt ins blaue. Das summen zahlreicher bienen erfüllt die luft und sie fahren bei strahlendem sonnenschein durch die felder. Schließlich kommen die beiden freundinnen am kanal heraus. Im wasser sind zwei jungen, und sie erkennen das lachen von timo und sven, die gerade am schwimmen sind. Durch winken und rufen begrüßen sie sich. Kira und ayse ist eher nach sonnen zumute und sie breiten ihre decken auf der wiese am ufer aus.

Plötzlich kündigen wellen und ein anschwellendes brummen das herannahen eines schiffes an. Sofort geht sven seiner lieblingsbeschäftigung nach: Er hält auf den rumpf des schiffes zu und greift nach der reling, um es zu entern. Kurz darauf steht er triumphierend an deck, doch kira zeigt durch ihr kopfschütteln, was sie von diesem angeberischen tun hält. „Welcher affe macht denn so etwas!??", murrt sie. Im weiteren zeigt sie kein interesse an dem gehabe von sven und widmet sich weiter der lektüre ihrer zeitschrift. Doch sven winkt timo zu und ruft: „Komm, oder bist du ein feigling!?" Ayse beobachtet die beiden jungen mit großen augen, auch kira blickt jetzt auf, und timo verbringt die nächsten sekunden mit zögern...

3. Schreibe den Text mit korrekter Großschreibung auf ein extra Blatt.

4. Kontrolliere noch einmal anhand der verschiedenen Signale:

- gebeugte Adjektive und Partizipien (grüne, leuchtenden, ...)
- unbestimmte Artikel (ein, eine, ...)
- bestimmte Artikel (der, die das, den, ...)
- versteckte Artikel (im, beim, zum, ...)
- Demonstrativ- und Possessivpronomen (dieser, sein, ...)
- Fragewörter (welcher, welches, ...)
- Zahlwörter und unbestimmten Mengenangaben (drei, viel, einige, wenig, ...)
- Präpositionen (in, auf, unter, ...), auf die ein substantiviertes Verb folgt.

Name:

Sonderfälle: Geographische Ableitungen auf -er

Magst du Leipzig**er** Allerlei?
Kennst du Kiel**er** Sprotten?
Liest du die Frankfurt**er** Rundschau?

Dann weißt du bestimmt schon Bescheid:
Geographische Ableitungen auf **-er** schreibt man groß!

Aufgabe 1: Ordne die Begriffe einander zu und schreibe sie auf.

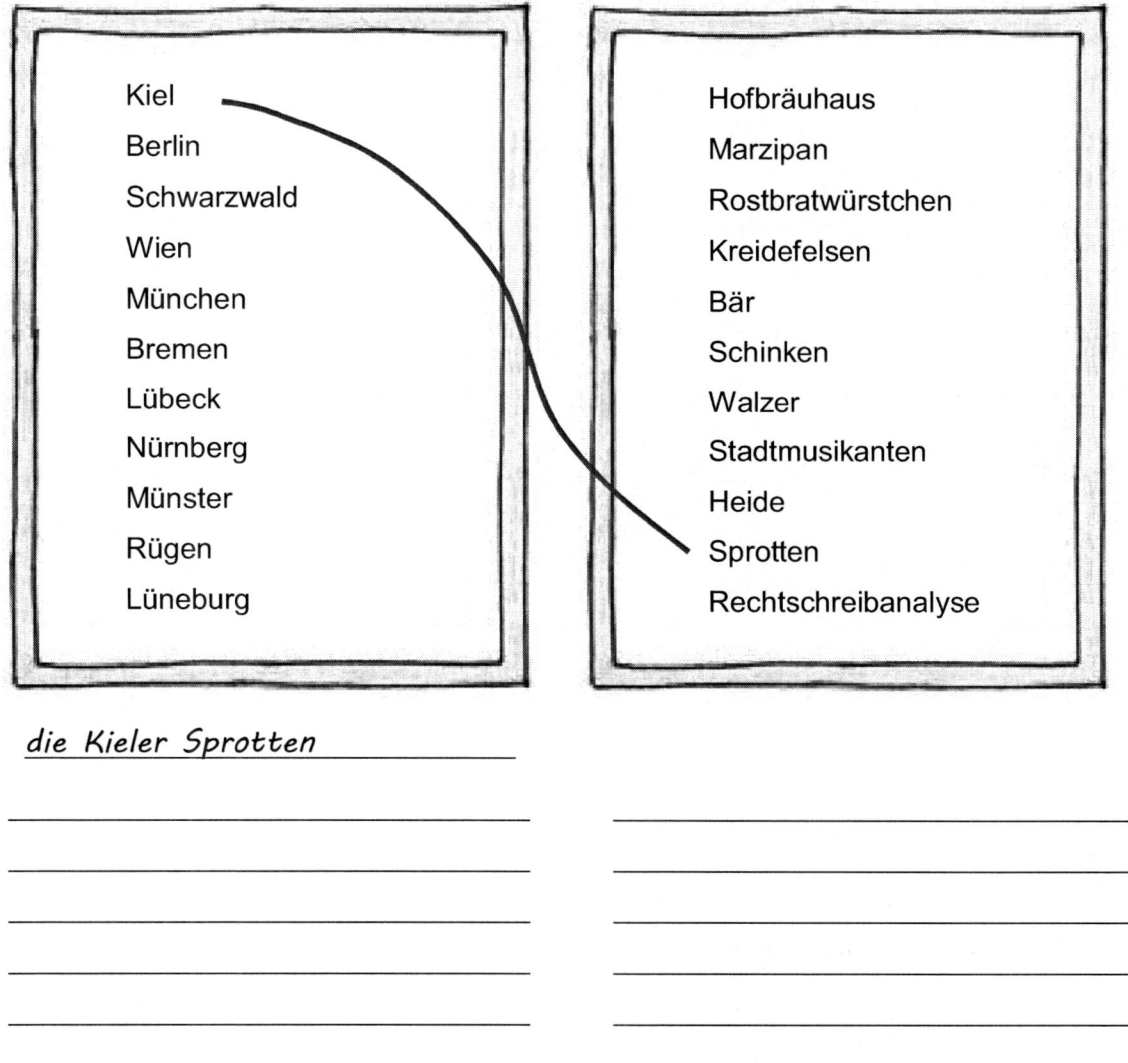

Kiel	Hofbräuhaus
Berlin	Marzipan
Schwarzwald	Rostbratwürstchen
Wien	Kreidefelsen
München	Bär
Bremen	Schinken
Lübeck	Walzer
Nürnberg	Stadtmusikanten
Münster	Heide
Rügen	Sprotten
Lüneburg	Rechtschreibanalyse

die Kieler Sprotten

Aufgabe 2: Wofür ist deine Heimatstadt bekannt? Schreibe es hier auf.

Name:

Sonderfälle: Mehrteilige Eigennamen

Aufgabe 1: Finde und unterstreiche im folgenden Satz alle *Eigennamen*.

Erich, Alfred und Uwe sitzen im Gasthaus zur Wilden Sau und diskutieren über den Heiligen Krieg im Nahen Osten, dem Gelobten Land.

Aufgabe 2: Bestimme in Gedanken für jedes großgeschriebene Wort die Wortart.

Aufgabe 3: Versuche jetzt die fehlenden Wörter in diesem Merksatz zu ergänzen:

In mehrteiligen Eigennamen werden neben den ____________________

alle ________________ und ________________ großgeschrieben.

Aufgabe 4: Denke an den Merksatz und bearbeite die folgenden Sätze.

- Unterstreiche die Eigennamen
  (Wenn du nicht weißt, was gemeint ist, schlage im Lexikon nach oder suche die Antwort im Internet.)
- Verbessere anschließend die großzuschreibenden Wörter.

Natürlich hat italien noch viel mehr zu bieten, als den schiefen turm und die ewige stadt.

1977 schickten die vereinigten staaten die sonde voyager auf eine reise an den rand der galaxis.

Manchmal steht der rote planet im großen wagen.

Weißt du, wie weit das schwarze meer und das tote meer voneinander entfernt sind?

Der dreißigjährige krieg endete 1648 mit dem westfälischen frieden.

Das kap der guten hoffnung ist nicht der südlichste punkt afrikas.

Achtung! Auch Zahlwörter in mehrteiligen Eigennamen werden großgeschrieben:

Der zweite weltkrieg hat in europa spuren hinterlassen, die bis heute sichtbar sind.

Das zweite deutsche fernsehen sendet alarmierende neuigkeiten über die nahrungsknappheit in der dritten welt.

Name:

Sonderfälle: Mehrteilige Straßennamen

Aufgabe 1: Für Straßennamen gelten besondere Regeln.
- Betrachte die Namen und versuche die fehlenden Wörter der Merksätze zu ergänzen!

- Lange Gasse
- An den Mühlen

Das __________ Wort eines Straßennamens wird großgeschrieben.

- An den Vier Linden
- Am Alten Schlachthof

Großgeschrieben werden neben Substantiven auch die ___________ und ___________, die in dem Straßennamen vorkommen.

- Salzburger Straße
- Ulmer Straße

Straßennamen auf -er werden _______________ geschrieben.

- Kurt-Tucholsky-Platz
- Von-Steuben-Straße

Bei Personennamen werden die Einzelwörter mit ____________________ abgetrennt.

Aufgabe 2: Schau dir die Lösung zur ersten Aufgabe an. Alles verstanden?
- Dann finde und unterstreiche im folgenden Text alle Straßennamen.
- Verbessere danach die Großschreibung und ergänze auch fehlende Bindestriche.

Weil die busfahrer heute streiken, macht lars sich mit seinem fahrrad auf den weg, um kira zu besuchen. Die albrecht dürer straße, an der er wohnt, fährt er ganz bis zum ende und biegt dann links in den langen kamp ein. Jetzt geht es lange geradeaus. Die von witzleben straße und den neuen markt überquert er, um dann in die wiener straße einzubiegen. Als er die straße an der alten ziegelei erreicht, legt er einen stopp ein, um beim getränkemarkt cola zu kaufen. Jetzt ist es nicht mehr weit: Er liest auf dem straßenschild „am kupferbrink" und hat sein ziel erreicht.

Aufgabe 3: Suche dir einen Partner.
- Jeder beschreibt in einem kurzen Text seinen Schulweg.
- Anschließend tauscht ihr die Texte und jeder kontrolliert die Schreibung der Straßennamen.

Name:

Sonderfälle zur Großschreibung:
(Feste Verbindungen aus Präposition und Adjektiv ohne Artikel)

Merke dir folgende **feste Verbindungen**,
die **nicht** mit der Grundregel zur Großschreibung erkannt werden können:

Arm und **R**eich **J**ung und **A**lt **G**ut und **B**öse

1. Setze die drei Wortgruppen aus dem Kasten passend in die Sätze ein.

Der Film gefiel ____________________.

Die Kanzlerin hatte ____________________ zum Festbankett eingeladen.

Manchmal ist es nicht einfach, ____________________ zu unterscheiden.

Die Kluft zwischen ____________________ wird immer größer.

Es klappt nicht immer gut zwischen ____________________.

Es gibt keine exakten Definitionen von ____________________.

2. Bei diesen Formulierungen kann man die Schreibung gut herausfinden.
- Ergänze die Anfangsbuchstaben.
- Skizziere kurz, welche Hilfen du in Anspruch nimmst.

Sie hielten zusammen, im __uten wie im __ösen. (g/G? b/B?) ____________________

Er ist immer __ut zu ihr gewesen. (g/G?) ____________________

Er war nicht mehr ganz __ung. (j/J?) ____________________

Sie wollte einfach nur schnell __eich werden. (r/R?) ____________________

Die Ampel schaltete zu schnell auf __ot. (r/R?) ____________________

Kai läuft __ot an. (r/R) ____________________

Das Kleid gibt es nur in __rün. (g/G?) ____________________

Seine Gesichtsfarbe wechselte von __rün zu __elb. (g/G?) ____________________

Sein Gesicht wurde __rün. (g/G?) ____________________

Mit __nglisch kann man sich überall verständigen. (e/E?) ____________________

Der Brief war in __ranzösisch. (f/F?) ____________________

Ihr __talienisch war fast akzentfrei. (i/I) ____________________

Sie redete __eutsch mit ihm. (d/D?) ____________________

Name:

Sonderfälle: Wiederholung (Seite 1)

Hast du bis jetzt alles verstanden und die Regeln gut im Kopf?
Dann solltest du es schaffen,
in diesem Text die großzuschreibenden Wörter zu erkennen.

1. **Unterstreiche in diesem Text alle Eigennamen, Straßennamen und geographischen Ableitungen auf -er.**
2. **Verbessere im Text *alle* Wörter, die großgeschrieben werden müssen, mit Rot.**
3. **Bei einem Straßennamen musst du auch die Bindestriche einsetzen.**
4. **Kontrolliere anhand des Lösungsblattes, ob du alles richtig hast.**

Mülltaucher

Es ist ein kalter Tag im winter. Kira zieht ihren schal fester, während sie den neuen damm überquert, um in die clara ratzka straße einzubiegen. Sie ist auf dem weg zum supermarkt. Als sie den hinterhof des ladens erreicht, bemerkt sie zwei vermummte, die in den müllcontainern wühlen. Mit einem kopfschütteln geht sie weiter, betritt den „kauf günstig" und packt drei dosen wiener würstchen, einige zwiebeln und die leckeren silberstedter kartoffeln in den korb – dazu ein pfund rote beete. Im vorbeigehen zieht sie eine tüte milch aus dem regal, stellt fest, dass die schon in drei tagen abläuft, und tauscht sie deshalb gegen die hinterste tüte aus.

Auf dem rückweg geht sie über die vordere steingasse, da sie am kiosk noch die neue post, die wittendorfer lokalzeitung, kaufen will. „Welchen unfug treiben die denn?", fragt sie sich, als sie erneut die zwei vermummten gestalten beim wühlen im container erblickt. „Hey, was macht ihr da?", fragt sie. „Wir sind mülltaucher", kommt die Antwort zurück. „Wir suchen nach lebensmitteln, die der supermarkt einfach wegschmeißt, obwohl man sie noch gut essen kann." Kira weiß nicht so recht, was sie damit anfangen soll. Zuhause recherchiert sie im internet...

5. **Im Text werden drei Verben großgeschrieben.**

- Finde sie, kreise sie ein und erkläre, warum du sie großschreiben musst.

Name:

Sonderfälle: Wiederholung (Seite 2)

6. Schreibe den Text über die Mülltaucher mit richtiger Großschreibung ab:

7. Was sind Mülltaucher?

- Recherchiere im Internet und finde heraus, was Mülltaucher mit ihren Aktionen verfolgen.

Name:

Sonderfälle: Adverbien (Problemerkennung und Lösung)

Erinnere dich an die Grundregel zur Großschreibung:
Großgeschrieben werden alle Wörter,

die am **rechten Rand eines Satzgliedes** stehen und
die mit **gebeugten Adjektiven oder Partizipien** erweitert werden können.

Beispiel:
Dem **kleinen** **M**ädchen gefiel das **schicke** **G**rün der **schlabberigen** **L**atzhose.

Du kannst dir für diese Aufgabe einen Partner suchen, wenn du willst.

Aufgabe 1: Zerlegt diesen Satz in das Prädikat und die einzelnen Satzglieder.

Ein lautes Hämmern weckt den übernächtigten Lars aus seinem tiefen Schlummer.

____

____

____

____

Aufgabe 2: Zerlegt nun diesen Satz. Fällt euch etwas auf?

Der eifrige Langstreckenläufer trainiert sehr gern am frühen Morgen.

____

____

____

____

Es fällt auf, dass ____

Aufgabe 3: Schaut nun in die Lösung. Habt ihr alles richtig?

- Überlegt, warum „gern“ **klein**geschrieben werden muss, obwohl es am Ende eines Satzgliedes steht und mit „sehr“ näher beschrieben wird.

____

____

Name:

Sonderfälle: Adverbial gebrauchte Adjektive u. Partizipien 1

Auch *Adjektive* und *Partizipien* können wie **Adverbien** gebraucht werden!

Aufgabe 1: Zerlege die folgenden Sätze in Prädikat und Satzglieder.
- Umkreise die adverbial gebrauchten Adjektive und Partizipien mit ihrer Erweiterung.

Der verschlafene Skater steigt ganz langsam in seine weiten Hosen.

Der bärtige Lehrer erläutert furchtbar langweilig die Geschichte der böhmischen Dörfer.

Höchst geschmeichelt verbeugt sich der eitle Popstar vor seinem Publikum.

Ihr dummer Streit beschäftigt die Freunde eine ganze Woche außerordentlich heftig.

Name:

Sonderfälle: Adverbial gebrauchte Adjektive u. Partizipien 2

Aufgabe 1: Zerlege den Satz:
- Unterstreiche das *Verb* und trenne die Satzglieder mit Schrägstrichen voneinander ab.
- Umkreise das adverbial gebrauchte Adjektiv oder Partizip mit seiner Erweiterung.
- Verbessere anschließend den ganzen Satz in die korrekte Großschreibung.

Der schlaue jens kapiert sehr schnell die komplizierten regeln des neuen kartenspiels.

Die aufgehende sonne scheint schrecklich hell durch das kleine fenster.

Total hinterlistig betrügt der durchtriebene sven seine neue freundin.

In feuchtwarmem klima gedeiht reis besonders gut.

Aufgabe 2. Hier sind die adverbial gebrauchten Adjektive *nicht* erweitert.
- Verfahre ansonsten wie bei Aufgabe 1.

Nach dem schlafen erhebt sich der großvater schwerfällig aus dem sessel.

Mitten in der nacht hört peter begeistert laute rockmusik.

Der elefant trabt trompetend zum nächsten wasserloch.

Beim telefonieren bemalte sich isa sorgfältig die zehennägel mit grellem rot.

Während des gewitters blies der wind heftig.

Name:

Sonderfälle: Pronomen und Satzadverbien (Einführung)

Aufgabe 1: Schau dir diese Sätze an und unterteile sie in Satzglieder.
- Achte vor allem beim dritten Satz darauf, dass du wirklich alle Satzglieder entdeckst.
- Wende im Zweifelsfall die Umstellprobe an!

Am späten Abend ging Kira zu Lars.

____

____

____

____

Lars schrieb seine Bewerbung für das Praktikum.

____

____

____

____

Eifrig half sie ihm dabei.

____

____

____

____

____

Aufgabe 2: Schreibe deine Beobachtungen hier auf:

____

____

Aufgabe 3: Lese in der Lösung nach, ob deine Beobachtungen zutreffen!

Name:

Sonderfälle: Pronomen und Satzadverbien (Üben)

Aufgabe: Im Kasten findest du einige Stellvertreter.

– Schreibe die Sätze um, indem du den jeweils passenden Stellvertreter für die unterstrichenen Satzglieder einsetzt.

ihr, er (3x), es, oben, hinterher, draußen, danach, hinaus, gestern, weit, sie (3x), dort

Lars gab seiner Freundin vor der Tür einen Kuss.

____.

Am Vortag hatte Sven keine Aufgabe richtig gelöst.

____.

Ayse hatte nach dem Essen heftige Bauchschmerzen.

____.

Svens Vater und sein Freund wankten nach drei Stunden aus der Kneipe.

____.

Am alten Bahnhof fand Timo sein verlorenes Handy.

____.

Im oberen Stockwerk konnte Katja bis zum Horizont blicken.

____.

Name:

Sonderfälle: Weitere „Stellvertreter“

Du weißt bereits:
- Pronomen wie „er“ oder „ihr“ sind *Stellvertreter*.
- ***Stellvertreter*** werden **klein**geschrieben, da sie *nicht* durch ein gebeugtes Adjektiv erweitert werden können.
- Weitere Stellvertreter sind:

manche, diese, jene, eine, jede, alle, beide, keine

!

Setze die fett gedruckten Stellvertreter in ihrer passenden Form ein.

Hat denn ______________ von euch seine Hausaufgaben gemacht?

Schon so _________________ hat sich in einer fremden Großstadt verirrt.

Wenn ______________ eine Reise tut, so kann er was erzählen.

Kai und Klaus kamen zu spät in die Schule. Sie hatten ____________ verschlafen.

Feiern wollten _____________, aber _____________ half beim Aufräumen.

Sie erzählten sich ____________ und ____________, und schon war der Abend vorbei.

Das muss ___________ selber wissen.

Glück und Gesundheit wünscht sich ___________. Am besten ist, wenn man ___________ hat.

Habt ihr _____________ verstanden?

Auf dem Schulkonzert waren viele Lehrer. Ich kannte ______________ von ihnen.

Zum Geburtstag bekam sie viele Blumen geschenkt. Leider verwelkten _____________ schnell.

Wenn etwas schiefgelaufen ist, will es immer ______________ gewesen sein.

Ich habe zwei Äpfel gekauft. Möchtest du _____________ davon haben?

Es gab Fisch und Fleisch. Jonas nahm sich von _____________ reichlich.

Von den vielen Träumen in der Nacht
vergaß er ________________ sofort wieder.

Name:

Sonderfälle: Zahladjektive

Schreibe auch folgende Zahladjektive mit ihren verschiedenen Formen **klein**:
viel, wenig, (der, die, das) **eine;** (der, die, das) **andere**

Ergänze die Sätze mit passenden Zahladjektiven.
Nimm die Beispiele oben als Grundwörter und verwende auch ihre Ableitungen.

Die _______________ kommen, die _______________ gehen.

Nach dem Erdbeben war nur noch _______________ zu gebrauchen.

Die Mathearbeit ist gut ausgefallen. Die _______________ haben eine Zwei.

Das _______________, was ihm gehörte, passte in eine kleine Kiste.

Wenn du diesen Federballschläger willst, nehme ich eben den _______________.

Er hat in seinem Leben schon _________ gesehen.

Zwei Mädchen saßen im Kino vor ihm. Das __________ gefiel ihm sehr gut.

Einige sind schon da. Die ____________ kommen später.

Auf der Party wurde unter _______________ auch über den neuen Film geredet.

Dass sie die Wahrheit spricht, können dir auch _______________ bestätigen.

Ich möchte meinen Dank an die ______________ aussprechen, die mitgeholfen haben.

Denke dir jetzt selbst noch fünf Sätze mit diesen Zahladjektiven aus.

____

____

____

____

____

Name:

Sonderfälle: Rückbezügliche Adjektive

Hier ist Hirnschmalz gefragt, aber du wirst es schon schaffen!

Aufgabe 1: Lies die folgenden Sätze.

- Warum wird „jüngste" hier kleingeschrieben? Schreibe deine Vermutung auf.

Ayse hat drei Brüder. Der jüngste wird bald neun.

Sonja war die jüngste meiner fünf Schwestern.

____

Aufgabe 2: Lies jetzt die Lösung zu Aufgabe 1.

- Entscheide dann: In welchem der folgenden beiden Sätze steht ein rückbezügliches Adjektiv?
- Unterstreiche es und auch das Substantiv, auf das es sich bezieht.

Unsere Älteste heißt Carola.

Diese Übung ist für alle Schüler, besonders für die älteren.

Aufgabe 3: Was musst du bei den Lückenwörtern einsetzen?

Der Planet Saturn hat mehr als 60 Monde, der __rößte heißt Titan. (g/G?)

Der __ange dort drüben schaut zu uns herüber. (l/L?)

Paul ist der __leißigste der Schüler. (f/F?)

Monika ist die __tillste in der Klasse. (s/S?)

Claudio lief als __rster ins Ziel, Sven als __etzter. (e/E? l/L?)

Im Diktat hat Martin eine __ünf geschrieben. (f/F?)

Die Meiers haben vier Kinder, __wei arbeiten schon. (z/Z?)

Lars hat drei Hosen, die __eite trägt er fast immer. (w/W?)

Sie hatte Sehnsucht und wollte die __hren in der alten Heimat besuchen. (i/I?)

Dieses Lied ist für alle Menschen geschrieben, für die __ungen und die __lten. (j/J? a/A?)

Bettina steht eher auf __üßes als auf __alziges. (s/S? s/S?)

Sie ist die __reuste und __iebevollste meiner Freundinnen. (t/T? l/L?)

Name:

Sonderfälle: Adjektive im Superlativ

Von allen Mädchen in der Klasse findet Lars Kira am schönsten.
Adjektive mit **„am + Superlativ"** schreibst du **immer klein**.
(Superlativ = die höchste Steigerungsform)

Setze im Superlativ ein!

schnell, groß, lieb, lecker, heiß, ~~still~~, lang, langweilig, laut, hübsch, lustig, wichtig

Von allen Mädchen in der Klasse war Ayse *am stillsten*.

Von allen Fächern findet Sven Deutsch ____________________.

Kira rannte bei den Bundesjugendspielen ____________________.

____________________ mag Kira Erdbeereis.

Von allen Bands waren „Maschinenkopf" ____________________.

Ayse schwimmt von allen ____________________.

Die Spaghetti mit Bolognese sind ____________________.

Von allen Sommertagen ist dieser ____________________.

____________________ sind die Witze von Christian.

Kerstin ist hübsch. Tanja ist hübscher. Suse ist ____________________

Was findest du ____________________: Geld, Liebe oder Gesundheit?

Welches Land ist ____________________: Belgien, England, Algerien?

Name:

Sonderfälle: Adjektivische Ableitungen auf -isch

Was haben
span**isch**e Wände, schwed**isch**e Gardinen und afrikan**isch**e Tänze
miteinander zu tun?
Richtig, **adjektivische Ableitungen von Eigennamen** auf **-isch** werden
kleingeschrieben!

1: Bilde die Formen mit -isch.

Frankreich:	das	____________________	Baguette
Bayern:	das	____________________	Bier
Finnland:	die	____________________	Sauna
Belgien:	die	____________________	Pralinen
Franken:	die	____________________	Rostbratwürste
Europa:	die	____________________	Union
Schottland:	der	____________________	Whisky

2. Bilde die Ableitungen auf -isch und setze sie an den passenden Stellen ein.

Arabien, Italien, Schweden, Japan, Türkei, Russland, Griechenland, Indien

Sven hat __________________ Vorfahren. Er geht gern __________________ essen und trinkt am liebsten ________________ Tee. In seinem Zimmer hat er __________________ Möbel und in der Garage seiner Eltern steht ein ________________ Auto. Sven rechnet mit __________________ Ziffern und die Demokratie, in der er lebt, ist __________________ Ursprungs. Aber seine __________________ Nachbarn bezeichnet er als Ausländer. Da kann Kira nur mit dem Kopf schütteln...

Name:

Sonderfälle: Feste Verbindungen
(Präposition und nichtdekliniertes Adjektiv ohne Artikel)

Es gibt sogenannte „**feste Verbindungen**“ oder „**Wortgruppen**“.
Für ihre Schreibung gibt es **bestimmte Regeln**, die man lernen kann:
Kleingeschrieben werden feste Verbindungen
aus Präposition und nichtdekliniertem Adjektiv ohne Artikel.
Man kann hier aber auch die **Grundregel** zur Großschreibung anwenden.

Aufgabe 1: Setze die folgenden „festen Verbindungen“ passend ein.

von nah und fern   durch dick und dünn   grau in grau   in bar
von klein auf   über kurz oder lang   von fern   schwarz auf weiß

Kaum saßen wir im Boot, war ____________ ein dumpfes Poltern und Grollen zu hören.

Zum Oktoberfest in München strömen die Menschen ____________________ zusammen.

Kai und Jens sind befreundet und immer zusammen ________________________ gegangen.

Im Herbst fallen die Blätter, es wird kalt und windig, alles ist ______________________.

Da steht es _________________________: Wir haben die Rechnung bereits bezahlt!

Der Betrag ist ________________ zu entrichten.

Ich bin sicher, dass sich die Sache ___________________________ klären wird.

Luise hat sich ______________________ mit Sternbildern beschäftigt.

Aufgabe 2: Unterstreiche die Präpositionen rot und die Adjektive grün.

Aufgabe 3: Begründe die Kleinschreibung mit der Grundregel, die du gelernt hast.

____

____

____

Name:

Sonderfälle: Wiederholung (Text)

Sonderfälle mit Kleinschreibung!
Hier kannst du das Gelernte anwenden.

Lies den Text „Día de los Muertos“ sorgfältig durch.
Schreibe ihn in korrekter Großschreibung auf ein leeres Blatt.

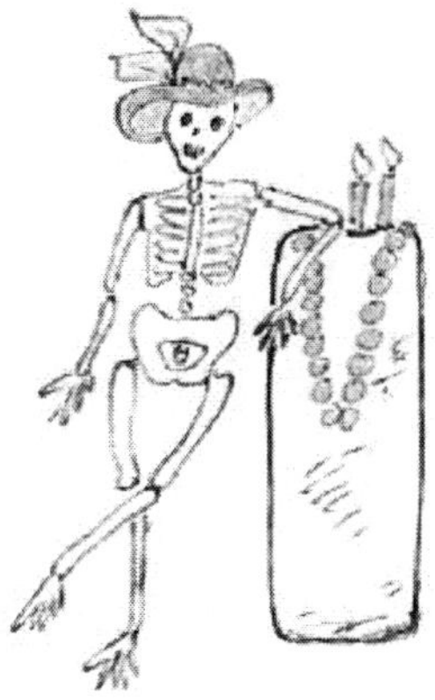

DÍA DE LOS MUERTOS
WARST DU SCHON EINMAL AM 1. NOVEMBER IN MEXIKO? DIE MEXIKANER, DIE ALTEN UND DIE JUNGEN, FEIERN DANN NÄMLICH DEN „DÍA DE LOS MUERTOS“, DEN TAG DER TOTEN.
AUF DIESES FEST BEREITEN SICH ALLE SORGFÄLTIG VOR, INDEM SIE SCHON LANGE VORHER EINEN ALTAR FÜR IHRE TOTEN VERWANDTEN, DIE NAHEN UND DIE FERNEN, AUFBAUEN. AUF DIESEN ALTAR WERDEN DIE FOTOS DER TOTEN GESTELLT, ZUSAMMEN MIT SPEISEN, DIE IHNEN ZU LEBZEITEN BESONDERS GUT GESCHMECKT HABEN. ZUDEM WIRD ER LIEBEVOLL MIT BUNTEN GIRLANDEN, BLÜTEN UND TOTENKÖPFEN AUS ZUCKER GESCHMÜCKT. IN MEXIKO GLAUBT MAN NÄMLICH, DASS DIE VERSTORBENEN AN DIESEM TAG ZU BESUCH AUF DIE ERDE KOMMEN...
AM BEFREMDLICHSTEN DÜRFTE ES FÜR UNS SEIN, DASS DIE FAMILIEN AM ABEND DES 2. NOVEMBERS HINAUS AUF DEN FRIEDHOF ZIEHEN, UM DORT AN DEN GRÄBERN ZU SPEISEN, ZU SINGEN UND ZU FEIERN. DIESEN TEIL DES FESTES FINDEN VIELE AM SCHÖNSTEN.
KENNST DU ANDERE MEXIKANISCHE TRADITIONEN? WIE LAUFEN ANDERE TOTENFESTE AB, ZUM BEISPIEL DAS CHINESISCHE ODER DAS AMERIKANISCHE? INFORMIERE DICH AM BESTEN GLEICH...

Name:

Festigung der bisherigen Regeln zur Großschreibung

Hast du alles verstanden, was du bisher gelernt hast?

Aufgabe 1.

- Welches sind die drei wichtigsten Wortarten?
- Welche Wörter schreibt man üblicherweise groß? Unterstreiche.

________________ ________________ ________________

Aufgabe 2:

- Ordne den großgeschriebenen Wörtern die richtige Wortart zu („Sein" kannst du ignorieren):

Sein Nicken beim Streiten über das Rot der Ampel brachte Kira auf die Palme.

Wortbeispiel	Wortart

Aufgabe 3:

- Ergänze die großgeschriebenen Wörter an den markierten Stellen durch **gebeugte Adjektive** und/oder **Partizipien.**
- Unterstreiche bei den gebeugten Adjektiven und Partizipien die Endung!

Sein <u>ständiges</u> Nicken beim ______________ Streiten über das ______________ Rot der ______________ Ampel brachte Kira auf die ____________ Palme.

Aufgabe 4:

- Finde und unterstreiche alle Pronomen und Artikel, auch die versteckten.

Sein ständiges Nicken beim heftigen Streiten über
das leuchtende Rot der großen Ampel brachte Kira auf die Palme.

Aufgabe 5: Ergänze!

Wörter aller ______________ können großgeschrieben werden. Hinweise sind z.B.,

- dass man innerhalb des Satzes ________ Adjektive und ________ davorsetzen kann,
- dass zu ihnen ein ____________ gehört, z.B. ein Artikel oder Pronomen,
- dass Wörter wie „zum" und „vom" davorstehen, denn darin versteckt sich ein _________.

Name:

Zeitangaben erarbeiten (Seite 1)

Die Zeitangaben – nicht ganz einfach, aber dennoch zu knacken…

Aufgabe 1: Lies den Text zunächst ganz in Ruhe durch.

Timos Tag

Eigentlich ist mit Timo morgens nicht viel anzufangen. Er verschläft täglich und schafft es selten, pünktlich in der Schule zu sein. Das ist heute anders: Obwohl der Wecker erst um sieben Uhr schellen sollte, ist Timo an diesem Morgen schon um fünf hellwach: Aufgeregt rennt er hinunter in die Küche. In einem Ring aus Kerzen prangt die Zahl 15 aus Zuckerguss auf der Mokkacremetorte, die sein Vater gestern Abend heimlich gebacken hat.

Als er heute Morgen zur Schule kommt, ist er der Erste. Nacheinander trudeln die anderen ein und begrüßen ihn freudestrahlend. Nach der Schule treffen Timo, Lars, Kira und Sven sich wie jeden Mittag im Schülercafé zum Billard. Alle freuen sich auf die Feier, die heute Nachmittag beginnen soll.

Bis in den späten Abend sitzen sie beisammen und singen Karaoke.

Lars und Kira fahren abends noch nach Hause, Sven bleibt über Nacht.

Und am Morgen gibt es die restlichen Chips zum Frühstück...

Aufgabe 2: Versuche die unterstrichenen Zeitangaben sinnvoll einzuordnen.

Gruppe I:	Gruppe II:	Gruppe III:

Name:

Zeitangaben erarbeiten (Seite 2)

Aufgabe 3: Schau dir die Lösung zu Aufgabe 2 an.
- Verbessere gegebenenfalls deine eigene Tabelle.

Aufgabe 4: Begründe die Schreibungen.

- Gruppe I:
an diesem Morgen: → ______________________

jeden Mittag: → ______________________

bis in den späten Abend: → ______________________

über Nacht: → ______________________

am Morgen: → ______________________

- Gruppe II: morgens, abends, nachts, heute

____

- Gruppe III: gestern **A**bend, heute **M**orgen, heute **N**achmittag
Hier gibt es keine Begründung, sondern nur eine „Bestimmung". Kennst du sie?

____

Aufgabe 5: Im Kasten findest du verschiedene Zeitangaben.
- Bilde mit jeder Zeitangabe einen Satz und achte dabei auf die Großschreibung!

AM FRÜHEN MORGEN VORGESTERN MITTAGS MORGEN ABEND HEUTE MORGEN IN DER NACHT AM ABEND ÜBERMORGEN HEUTE MONTAGMORGENS UM MITTERNACHT AM SPÄTEN NACHMITTAG

____

____

____

____

____

____

____

____

____

____

____

____

Name:

Schwierige Sonderfälle: Verbindung Substantiv – Verb; Ordinalzahl

Merke dir, wie die Wortverbindungen im Kasten geschrieben werden.
Setze sie in den Text in ihren passenden Formen ein.

Auto fahren,
Fahrrad fahren
Schlitten fahren
Schlittschuh laufen
Angst haben
Wert legen auf
der **Erste**, als **Erster**
als **Erstes**

Das war knapp!

Nach dem Eisregen waren alle Straßen spiegelglatt.

Kaum ein Mensch ____________ ________________ oder gar ________________.

Aber Katja war begeistert: Sie ging mit Ulf auf dem zugefrorenen See ________________ ______________. An diesem Tag waren sie ____ __________ auf dem Eis. Weil er auf Sicherheit ______________ _________, setzte Ulf ____ ____________ seinen Helm auf. Er ______________ ____________ zu stürzen, da er noch nicht richtig bremsen konnte. Doch auf dem Eis konnte Katja ihn zu einem Wettrennen überreden. Nur knapp erreichte sie als ________________ das Ziel, die neue Brücke. Ulf war dicht hinter ihr, hatte aber Schwierigkeiten zu bremsen und schlitterte an Katja vorbei auf einige Kinder zu, die hinter der Brücke ______________ ____________.

Er versuchte alles Mögliche, um seine Geschwindigkeit zu verringern, aber nichts klappte. Schließlich ließ er sich auf den Hintern fallen, und Katja, die ihm nachgefahren war, konnte ihn gerade noch an der Anorakkapuze festhalten.

Kurz vor einem Kind, das bäuchlings _____________ ________, kam das seltsame Zweiergespann zum Stillstand. Das war gerade noch mal gut gegangen!

Name:

Sonderfälle wiederholen, Teil 1 (Seite 1)

Es geht um Signalwörter für die Großschreibung!

Aufgabe 1: Unterstreiche in diesem Text alle

- Possessivpronomen (besitzanzeigende Fürwörter: mein, dein, sein, ihr...)
- Demonstrativpronomen (hinweisende Fürwörter: dieser, diese, dieses...)
- Präpositionen (Verhältniswörter: auf, über, unter, bei...)
- versteckte Artikel (im, zur...)
- Mengenangaben (alles, viel, wenig, nichts...)

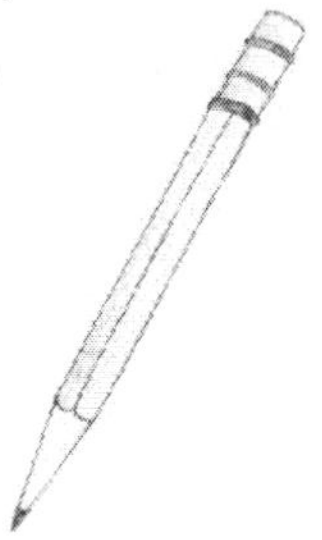

Aufgabe 2: Verbessere die Großschreibung. Arbeite so: G ~~g~~

„Ich vermisse dein lachen, mein lieber!"

Diesen satz denkt ruth immer wieder, wenn sie ihren mann sieht. Timos vater leidet seit einem halben jahr unter depressionen. Morgens wacht er meistens schon um fünf uhr auf und schafft es dann doch nicht, in gang zu kommen. Mit ach und krach schleppt er sich zum büro, wo er acht bis zehn stunden am stück arbeitet. Trotz steigender umsätze entlässt seine firma immer mehr mitarbeiter; die verbleibenden müssen immer häufiger überstunden machen. Selbst wenn er zuhause ist, muss alfons auf abruf bereitstehen. Die restliche zeit verbringt er mit grübeln. Von seiner zukunft erwartet er nichts gutes mehr. Seine frau und seine freunde haben ihm oft ihre hilfe angeboten und alles mögliche versucht, aber alfons spricht kaum noch, und niemand kann ihn so richtig erreichen.

Allmählich jedoch sieht er selbst ein, dass er nicht auf biegen und brechen so weitermachen kann. Heute hat er sich deshalb auf anraten eines kollegen über die möglichkeiten einer stationären behandlung informiert. In einer psychiatrischen klinik hätte er die chance, zur ruhe zu kommen.

Name:

Sonderfälle wiederholen, Teil 1 (Seite 2)

Eine behandlung mit medikamenten und gesprächen kann vielleicht helfen, diesen zustand, der oft als krankheit bezeichnet wird, zu überwinden. Auch der kontakt zu mitpatienten hilft manchmal, weil man sich nicht so allein fühlt.
Letztlich aber kommt es auf einen selbst an, mit seiner situation klarzukommen und nach lösungen zu suchen. Depressionen zu haben, wird oft als schande empfunden, als versagen eines einzelnen. Aber alfons ist einer von unzähligen, die sich in einer ähnlichen situation befinden.
Nach einigem hin und her entscheidet sich alfons für die behandlung. Seine frau und sein sohn sind erleichtert und versprechen, ihn häufig zu besuchen und sich gemeinsam mit ihm die zukunft zu überlegen. Vielleicht findet alfons in bälde den mut, etwas neues auszuprobieren...

Name:

Sonderfälle wiederholen, Teil 2 (Seite 1)

Wenn du **Wiener Würstchen** und das **Kap der Guten Hoffnung** kennst und einmal über die **Lange Gasse** spaziert bist, kannst du diese Aufgabe bestimmt richtig lösen.

Aufgabe 1: Unterstreiche in diesem Text alle

- geographischen Ableitungen auf -er (Wien**er** Würstchen),
- Straßennamen (**L**ange Gasse),
- Eigennamen (Kap der **G**uten Hoffnung),
- Zeitangaben (**m**orgens, gestern **N**acht)

Aufgabe 2: Verbessere die Großschreibung. Arbeite so: **G** ~~g~~

Else erzählt

Die glöckchen an der tür läuten laut, als kira an diesem morgen eilig den blumenladen am platz der weißen rose verlässt. Mit einem topf unter dem arm, aus dem ein fleißiges lieschen wuchert, radelt sie die mittlere höldergasse hinauf, bis sie ihr ziel erreicht: bei den drei eichen 7. Mit dem zweitschlüssel öffnet sie die tür und betritt das kleine haus. Drinnen riecht es nach rosen, kölner duftwasser und nach essen: Else stammt aus ostpreußen und für ihren besuch kocht sie heute ihre weltberühmten königsberger klopse. Und das mit über 90! Nur den frankfurter kranz hat sie nicht selber gebacken. Freudig begrüßt kira ihre urgroßmutter und nimmt an der kleinen essecke platz. Elses grüne augen strahlen, als sie das mitbringsel erblickt – sie liebt blumen aller art. Nach der gemeinsamen mahlzeit spazieren die beiden durch den garten, und else beginnt zu erzählen. Sie ist im vorigen jahrhundert, in den goldenen zwanzigern geboren, zur zeit der weimarer republik.

Name:

Sonderfälle wiederholen, Teil 2 (Seite 2)

Ihr mann war funker auf einem marineschiff gewesen und schon vor 30 jahren gestorben, als er auf einer fahrt über den stillen ozean an der küste afrikas von einer schwarzen witwe gebissen wurde.

Aber heute berichtet Else von den tagen, an denen er noch lebte. Kira lauscht interessiert den erzählungen vom kalten krieg. Das wettrüsten zwischen usa und sowjetunion fand nämlich nicht nur auf der erde statt:

Ende der fünfziger schossen die russen den ersten satelliten ins all und lösten so den „sputnikschock“ aus. Daraufhin wurde von den vereinigten staaten die nasa gegründet, und 21 jahre später, nämlich 1969, landeten die ersten menschen auf dem mond. Else ist erstaunt, als kira ihr erzählt, dass heute manche menschen glauben, die mondlandungen hätten nie stattgefunden.

Am abend fährt kira nach hause. Else wird morgen nachmittag zum altenheim an der von-ossietzky-straße fahren, aber nur, um ihre freundin zu besuchen. Sie selbst will bis ans ende ihrer tage in ihrem haus leben und rosen züchten.

ihre enkel unterstützen sie dabei.

Name:

Wichtige Sonderfälle wiederholen

Wenn du **böhmische Dörfer** kennst, die kleinen und die großen,
dann bearbeitest du am besten ganz schnell diese Wiederholungsaufgabe!

Aufgabe 1: Unterstreiche bei diesen Sätzen alle

- Adverbien („ganz *schnell*")
- Stellvertreter (Pronomen: „ich", „du", Satzadverbien: „draußen")
- Adjektive, die mit „am" stehen („am besten")
- Adjektive, die auf -isch enden („böhmisch")

Aufgabe 2: Schreibe den Text in Groß- und Kleinschreibung auf ein extra Blatt.

IM PARK STANDEN ZWEI EICHEN. IN DIE KLEINE HAT LARS EIN HERZ GESCHNITZT. UND DANN HAT ER KIRA DORT LANGE GEKÜSST.

KIRAS VATER SAMMELT MESSER, BESONDERS GERNE DIE JAPANISCHEN,
DIE VON ALLEN MESSERN AM SCHÄRFSTEN SIND.
ZUDEM INTERESSIERT ER SICH FÜR ÄGYPTISCHE KUNST.

AM KANAL STEHEN RIESIGE VERLADEKRÄNE. TIMO IST EINMAL DORT HINAUFGEKLETTERT. ER STAND BREITBEINIG AUF DEN STAHLTRÄGERN, DIE BEDROHLICH KNARRTEN, UND SCHAUTE VERSONNEN AUF DAS WASSER.

ELSE MAG ROSEN, AM LIEBSTEN DIE GELBEN. EINE BESONDERE VORLIEBE HAT SIE FÜR TEE; DEN INDISCHEN SCHWARZEN MAG SIE AM LIEBSTEN.

Name:

Textverbesserung oder Übungsdiktat (Seite 1)

Übe noch ein bisschen und verbessere in diesem Text die Großschreibung.

Die antiken spiele

Der ursprung der olympischen spiele liegt vermutlich im 2. jahrtausend vor christus. Allerdings waren die wettbewerbe damals weniger eine sportveranstaltung, wie wir sie heute kennen, sondern eine art religiöses fest zu ehren der götter. Teilweise kämpften die teilnehmer damals sogar bis zum tod, denn eine niederlage bedeutete eine große schande. Positiv zu verzeichnen war allerdings die tatsache, dass während der spiele sämtliche kriege in der region unterbrochen wurden, damit die athleten in ruhe zum austragungsort reisen konnten.

Am anfang dauerten die spiele lediglich einen tag, da es nur einen einzigen offiziellen wettbewerb gab, nämlich den stadionlauf über 192,24 meter. Nach und nach kamen aber immer mehr disziplinen dazu, und die austragungszeit erhöhte sich auf fünf tage. Die athleten maßen sich jetzt zum beispiel im springen, diskuswerfen, speerwurf, ringen, wagenrennen, boxen und in wettläufen mit kriegsausrüstung. Angeblich wurde auch ein wettbewerb im trompetenblasen ausgetragen.

Die sportkleidung bestand damals entweder aus einem lendenschurz oder aus gar nichts. Ob das der grund dafür gewesen ist, dass es dem weiblichen geschlecht unter androhung der todesstrafe verboten war, zuzuschauen? Teilnehmen durften die frauen an den spielen natürlich erst recht nicht. Dafür wurden die männlichen sportler umso mehr als helden verehrt, sogar in gedichten und poetischen gesängen.

Im laufe der jahrhunderte ging es mit den glorreichen spielen leider immer mehr bergab. religion und götterbesänftigung wurden zweitrangig, denn an erster stelle standen nun sport und materieller gewinn: Die sieger bekamen nämlich neben dem lorbeerkranz jetzt auch land,

Name:

Textverbesserung oder Übungsdiktat (Seite 2)

häuser und bares geld als belohnung. Mit diesem wandel ging zudem ein allgemeiner werteverlust einher. Es wurden vermehrt berufssportler angeworben und die kampfrichter bestochen.

Unter den römern schließlich verlor das griechische volk fast ganz das interesse an den klassischen wettbewerben. Es wollte jetzt hauptsächlich brutale gemetzel zwischen sklaven und wilden tieren sehen, bei denen möglichst viel blut fließen sollte.

Kaiser theodosius setzte dem abstrusen treiben schließlich ein ende, indem er 393 nach christus alle heidnischen zeremonien kurzerhand verbot.

Erst gegen ende des 19. jahrhunderts wurden die olympischen spiele wieder eingeführt. Sie fanden 1896 im athener stadion statt und erwiesen sich, obwohl nur ca. 240 athleten teilnahmen, als großer erfolg.

Name:

Informeller Abschlusstest 1 (Seite 1)

Verbessere die Großschreibung in diesem Text.
Achtung: Bei einem Straßennamen musst du auch fehlende Bindestriche ergänzen.

ein herz für manuel

ulfs kleiner bruder manuel ist vier jahre alt, als die ärzte bei ihm einen schweren herzfehler feststellen. es folgen einige operationen, die etwas helfen, aber auf dauer kann manuel mit seinem herz nicht leben, er braucht ein spenderherz. die eltern von manuel sind seitdem in höchster sorge um ihren jüngsten: woher bekommt man möglichst schnell ein herz?

von den ärzten im neustädter krankenhaus an der bertolt brecht straße werden sie darüber informiert, was als nächstes passiert: manuel kommt auf eine liste für potentielle empfänger einer organspende. das heißt im klartext, er wartet darauf, dass jemand stirbt und ihm sein herz überlässt. auf dieser liste stehen viele, und nach verschiedenen kriterien bekommt jeder von ihnen einen rangplatz zugewiesen. selbstverständlich stehen diejenigen am weitesten oben, die das organ am dringendsten benötigen.

es gibt verschiedene spendearten. die herzspende gehört zu den spenden nach dem tod. einige organe, wie z.b. die niere (von der jeder mensch zwei hat, eine linke und eine rechte), können auch von lebenden entnommen und dem empfänger eingepflanzt werden, so dass beide mit jeweils einer niere weiterleben.

zurzeit gibt es einen spendeorganmangel. das liegt einerseits daran, dass immer weniger menschen zum beispiel im straßenverkehr sterben.

Name:

Informeller Abschlusstest 1 (Seite 2)

andererseits sind aber auch gesetzliche beschränkungen beim spenden von organen dafür verantwortlich. in deutschland gilt das sogenannte zustimmungsrecht, das heißt eine person muss sich bewusst für einen organspendeausweis entscheiden. das gleiche gilt nach schweizer recht. nur in diesem fall dürfen einer person nach ihrem tod organe entnommen werden. angehörige, die ansonsten die entscheidung nach dem tod treffen müssten, stimmen häufig dagegen.

in anderen ländern gilt das verweigerungsrecht, wodurch grundsätzlich von allen personen nach ihrem tod das entnehmen von organen erlaubt ist, außer sie haben sich klar dagegen entschieden. dadurch stehen in diesen ländern meist mehr spenderorgane zur verfügung. weltweit am erfolgreichsten ist das spanische organspendeprogrammm. doch immer noch wollen sich viele menschen mit diesen gedanken nicht beschäftigen, da es eine bedrückende und beängstigende vorstellung sein kann, was mit den eigenen organen nach dem tod passiert. wie denkst du darüber? diskutiere mit deinen freunden das für und wider.

manuels eltern haben mittlerweile beide einen organspendeausweis. ulf hat nicht nur einen ausweis, er spendet nun auch sechsmal jährlich einen halben liter blut. er hat freude daran, anderen menschen auf diese weise gutes zu tun, ohne jedes wenn und aber. manuel steht weiterhin auf der liste, immerhin als fünfter, und das verzweifelte hoffen und warten hält an.

Name:

Informeller Abschlusstest 2 (Seite 1)

Denke an die Regeln, die du zur Großschreibung gelernt hast und verbessere den Text.

olympia

die olympischen spiele waren ursprünglich ein religiöses fest der griechischen antike und sind damit schon über zwei jahrtausende alt. teilweise kämpften die teilnehmer damals bis zum tod, denn eine niederlage bedeutete eine große schande. später wurden die wettkämpfe durch den römischen kaiser theodosius verboten und erst gegen ende des 19. jahrhunderts wieder eingeführt.

bis zu 11000 menschen messen sich heute von morgens bis in den abend in einer großen anzahl von unterschiedlichen sportarten, die sich im laufe der zeit immer wieder verändert haben. alle vier jahre finden die spiele an einem anderen ort statt, nach einem sogenannten rotationsprinzip. aus aller welt reisen sportlerinnen und sportler an, um beim turnen, fechten, tennisspielen, radfahren u.v.m. ihr bestes zu geben und mit einer medaille auf dem treppchen zu landen. das höchste ziel ist natürlich, erster zu sein, eine goldmedaille zu gewinnen oder gar einen neuen weltrekord aufzustellen. einige sportler treten sowohl im einzelwettkampf als auch in einer mannschaft an. das spektakel begeistert zuschauer aus aller welt, die kleinen wie die großen, und unter jubeln verfolgen sie die wettkämpfe täglich im fernsehen. timos leidenschaft ist tennis. für welche sportart interessierst du dich am meisten?

Name:

Informeller Abschlusstest 2 (Seite 2)

2008 fanden die spiele im fernen osten, jenseits der großen mauer in china statt. 2012 fiel die wahl auf die englische hauptstadt london. informiere dich: welches land kommt als nächstes dran?

das symbol der olympischen spiele sind fünf ineinander verschlungene ringe in den farben rot, blau, grün, gelb und schwarz. die farben wurden zum ersten mal bei den antwerpener spielen 1920 verwendet und so gewählt, dass sie für alle länder dieser welt mindestens eine farbe der landesflagge zeigen.

die spiele finden unter aufsicht des internationalen olympischen komitees statt, das seit den neunzigern verstärkt auf das problem des dopings achtet. einige sportler gehen aufs ganze und nutzen mittel, um ihre leistungen zu steigern, indem sie die eine oder andere dosis anabolika schlucken oder spritzen, damit ihre muskeln schneller wachsen. sie nehmen dabei ein hohes risiko in kauf: doping ist bei strafe verboten, um gleiche chancen zwischen den sportlern herzustellen und deren gesundheit zu schützen. deshalb werden kontrollen durchgeführt; auch nachträglich kann einem gewinner so noch der sieg wieder aberkannt werden.

Name:

Hilfen und Signale auf einen Blick

Hilfen und Signale zur Großschreibung auf einen Blick

1. Grundregel zur Großschreibung

Für die Großschreibung eines Wortes im Satz müssen zwei Bedingungen erfüllt sein:

1. Das Wort steht als Kern eines Satzgliedes an dessen rechtem Rand.
2. Es ist nach links durch gebeugte Adjektive oder Partizipien mit den Endungen -e, -en, -er, -es und -em erweiterbar.

Tipp:
Stelle in Gedanken ein gebeugtes Adjektiv oder Partizip vor diejenigen Wörter, von denen du meinst, dass sie wahrscheinlich großgeschrieben werden müssen. Wenn dies *innerhalb des Satzes* funktioniert, werden die Wörter tatsächlich großgeschrieben (Erweiterungsprobe).

Das **L**achen klang schön. → Das heitere Lachen klang schön.

2. **Artikel** als Signale

In einem Satz findest du oft, aber nicht immer, **Artikel**, die zu einem Substantiv gehören und dessen Großschreibung anzeigen.

Der Artikel kann **bestimmt** sein: **der, die, das, den, dem**
Oder **unbestimmt**: **ein, eine, ein, einen, einem...**

Artikel können auch „versteckt" sein, wenn sie beispielsweise mit **Präpositionen verschmelzen**:

in + dem = **im D**unkeln, **im A**llgemeinen
in + das = **ins G**rüne
auf + das = **aufs G**eratewohl
an + dem = (ich bin) **am T**anzen (Umgangssprache)
zu + dem = **zum L**achen
zu + der = **zur A**rbeit (gehen)
bei + dem = **beim A**rbeiten
von + dem = (das kommt) **vom A**rbeiten

3. **Pronomen und Fragewörter** als Signale

Der Artikel kann auch in Gestalt von Pronomen oder Fragewörtern auftauchen:

Pronomen: **Sein S**chnarchen war unerträglich. **Dieses** Gerede nervt mich.
Fragewörter: **Welches B**lau nimmst du für die Wände deines Zimmers?

4. **Zahlwörter** und unbestimmte **Mengenangaben** als Signale

zwei Stifte, **hundert A**utos
alles Gute, **allerlei S**chlechtes, **etwas S**chönes, **genug Ä**rger, **nichts W**ichtiges, **viel U**nnötiges, **wenig D**urchdachtes

5. **Präpositionen** (Verhältniswörter) als Signale

Auch **Präpositionen** zeigen häufig an, dass das nächste Wort großgeschrieben werden muss.
Zudem kannst du hier natürlich auch mit gebeugten Adjektiven und Partizipien erweitern:

Durch (einmalig**es**, vorsichtig**es**, kurz**es) D**rücken der „Escape"-Taste verlässt du das Programm.
Auf (wiederholt**es**, eindringlich**es) A**nraten seines Arztes hörte er mit dem Rauchen auf.

Name:

Sonderfälle auf einen Blick

Sonderfälle zur Großschreibung auf einen Blick

1. Sächsischer Genitiv

Formuliere den sächsischen Genitiv um und mache dann die Erweiterungsprobe:
- **O**mas **K**uchen→ der **K**uchen von der **O**ma → Der <u>leckere</u> **K**uchen von der <u>lieben</u> **O**ma.

2. Mehrteilige Eigennamen

Hier werden neben den Substantiven alle **Adjektive**, **Partizipien** und **Zahlwörter** großgeschrieben:
- **J**ohann **W**olfgang von **G**oethe
- **K**ap der **G**uten **H**offnung
- **V**ereinigte **S**taaten von **A**merika
- **G**asthof zur **W**ilden **S**au
- der **Z**weite **W**eltkrieg
- der **G**roße **B**är (Sternbild)

3. Mehrteilige Straßennamen

Großgeschrieben werden:
- Das *erste* Wort eines Straßennamens: **A**n den Mühlen
- Zahlwörter: Unter den **V**ier Linden
- Adjektive: Am **A**lten Schlachthof

Achte auf die Bindestriche bei Personennamen: Heinrich**-**Heine**-**Straße, Albrecht**-**Dürer**-**Platz

4. Von geographischen Namen abgeleitete Adjektive auf -er

- Frankfurt**er** Würstchen, Berlin**er** Bär, Salzburg**er** Straße

5. Zeitangaben

Hier helfen dir verschiedene „Signale“:
- Artikel: in **der N**acht
- Versteckte Artikel: <u>**am**</u> **A**bend → <u>an **dem**</u> **A**bend
- Vorangestellte gebeugte Adjektive: am **frühen M**orgen, das **schöne H**eute

Merke dir folgende Bestimmung:
Die Bezeichnungen von Tageszeiten **nach Adverbien** werden ebenfalls **groß**geschrieben.
- heute **M**orgen, gestern **N**acht, vorgestern **N**achmittag

6. Folgende feste Verbindungen

- **A**rm und **R**eich, **J**ung und **A**lt, **G**ut und **B**öse

7. Schwierige Wortverbindungen und Ordnungszahlen

- **A**uto fahren, **F**ahrrad fahren, **S**chlitten fahren, **S**chlittschuh laufen,
- **A**ngst haben, **W**ert legen auf,
- der **E**rste, als **E**rster, als **E**rstes, jeder **D**ritte, den **L**etzten beißen die Hunde

8. Die Höflichkeitsanrede „Sie“ und die entsprechenden Pronomen

- Ich habe **S**ie schon lange nicht mehr gesehen! Wie geht es **I**hnen und **I**hrer Familie?

Name:

Sonderfälle auf einen Blick

Sonderfälle zur Kleinschreibung auf einen Blick

Kleingeschrieben werden:

1. Von geographischen Namen abgeleitete Adjektive auf -isch

Man schreibt sie klein, wenn sie nicht Teil eines Namens sind.

- der afrikan**isch**e Elefant, der ind**isch**e Tee, das französ**isch**e Croissant

Aber: der Atlantische Ozean (hier gehört „Atlantische“ zum Namen dazu)

2. Die Höchststufe von Adjektiven: am schönsten, am besten, am größten

Dieses „am“ ist *nicht* in „an dem“ auflösbar! Du kannst danach mit „wie“ fragen:

- ***Wie*** ist Kira? Sie ist **am schönsten**.

3. Rückbezügliche Adjektive oder Partizipien

Wenn sich ein Adjektiv oder Partizip auf ein vorhergehendes oder nachstehendes Nomen bezieht, wird es kleingeschrieben:

- Konrad hat drei Hosen: *eine blaue* und *zwei schwarze*.

4 „Stellvertreter“ von Substantiven (Pronomen, Satzadverbien,)

Du erkennst „Stellvertreter“ daran, dass sie *nicht* durch gebeugte Adjektive erweiterbar sind.

Pronomen sind z.B.:

- sie, er, es, ihr, ihm usw.
- manche, diese, jene, eine, jede, alle, beide, keine

Satzadverbien sind z.B.:

- dabei, gerade, draußen, dort, hier

5. Folgende Zahladjektive mit allen ihren Beugungsformen

- viel, wenig; (der, die, das) eine; (der, die, das) andere

6. Feste Verbindungen aus Präposition und nichtgebeugtem Adjektiv ohne Artikel

- von fern; von nah und fern; durch dick und dünn; über kurz oder lang; von klein auf;
- schwarz auf weiß; grau in grau

7. Adverbial gebrauchte Adjektive und Partizipien

Wenn ein Adjektiv oder Partizip „adverbial“ gebraucht wird, steht es in der *Grundform* und kann *nicht* durch *gebeugte* Wörter erweitert werden.

- Das Auto fährt **schrecklich** schnell. (Das Adjektiv *schnell* wird hier ***adverbial*** gebraucht.)

8. Zeitadverbien

Du erkennst Zeitadverbien daran, dass sie *nicht* durch gebeugte Adjektive erweiterbar sind.

- gestern, heute, morgen, übermorgen morgens, abends, nachts

9. Schwierige Wortgruppen aus „verblasstem“ Substantiv und Verb

- eislaufen, kopfstehen, teilhaben

Lösungen zur Groß- und Kleinschreibung

Wortartbezogen: Substantiv (Seite 1)

Hinweis für den Lehrenden:

Zur Terminologie:
Meist werden im Unterricht der höheren Klassen die gängigen grammatischen Begriffe wie Nomen/Substantiv, Adjektiv, Verb usw. in der Fachterminologie verwendet. Seltenere Begriffe jedoch sind wiederum meist als deutsche Wörter in Gebrauch, z.B. Fall statt Genus, Zahlwort statt Numerale usw. Wo nun die Grenze zu ziehen ist bezüglich dem, was den Schülern an Fachbegriffen zuzumuten ist, wird von Lehrkräften sehr unterschiedlich gesehen, so dass hier bundesweit wenig Einheitlichkeit anzutreffen ist. Wir haben uns dazu entschlossen, in den vorliegenden Übungen fast durchgängig die Fachterminologie zu verwenden. Wenn ein Schüler deshalb Schwierigkeiten haben sollte, die Übungsanweisungen zu verstehen, darf ihm selbstverständlich geholfen werden: Erklären Sie einfach die Fremdwörter, so oft es nötig ist, und schreiben Sie die deutsche Übersetzung darüber. An den Fachbegriffen soll das Lösen der Aufgaben nicht scheitern. Andererseits kommen die Schüler nicht umhin, sich mit den wichtigsten auseinanderzusetzen.

Begriffserklärung:
„Numerus" heißt einfach übersetzt so viel wie „Zahl". Bezüglich der Grammatik bedeutet es allerdings eine grammatische Kategorie, die angibt, ob die durch Nomen, Pronomen oder Verb ausgedrückten Begriffe einfach (Singular) oder mehrfach (Plural) aufzufassen sind.

Die anderen Begriffe können eindeutig übersetzt werden und stehen in Klammern.

Aufgabe 1: Setze in die Klammern ein, wofür das Substantiv jeweils steht.

Als **Ulf** (**Name**) mit seinem **Hund** (**Lebewesen**) zwischen den **Bäumen** (**Lebewesen**) lag und die **Sterne** (**Dinge**) betrachtete, bekam er die **Idee** (**abstrakter Begriff**), nach **Amerika** (**Name**) zu reisen.

Aufgabe 2: Unterstreiche in diesen zwei Sätzen die **Artikel** und die **Substantive**, zu denen sie gehören.

Auf der Party hat Sonja einen netten Jungen kennengelernt. Er trug ein rotes Käppi und machte Späße über die Lehrer.

Aufgabe 3: Ergänze die Sätze mit *blau*, *heiß*, *kühl*:

Der Himmel ist **blau**. Wir schauen in den **blauen** Himmel.
Die Sonne ist **heiß**. Wir schwitzen in der **heißen** Sonne.
Das Wasser ist **kühl**. Wir erfrischen uns im **kühlen** Wasser.

Aufgabe 4: Schreibe aus diesem Satz die **Substantive** heraus und ordne ihnen ein **Geschlecht** zu:

Heute machen **Katja** und **Ulf** ein **Picknick** auf der kleinen **Wiese** am alten **Zoo**.

Substantiv	**Geschlecht**
Katja	Femininum
Ulf	Maskulinum
das Picknick	Neutrum
die Wiese	Femininum
der Zoo	Maskulinum

Wortartbezogen: Substantiv (Seite 2)

Aufgabe 5: Finde heraus, ob die Substantive im **Singular** oder **Plural** stehen.

Auf der **Feier** in der alten **Villa**, die mit bunten **Girlanden** geschmückt war, gab es **Chips** und viele **Getränke**.

Substantiv	**Numerus**
Feier	Singular
Villa	Singular
Chips	Plural
Girlanden	Plural
Getränke	Plural

Aufgabe 6: Schreibe die Substantive heraus und finde heraus, in welchem Fall sie stehen.

Ulf gab seiner Freundin einen Kuss und schlug die erste Seite des Buches auf.

Substantiv	**Fall**
Ulf	Nominativ
seiner Freundin	Dativ
einen Kuss	Akkusativ
die Seite	Akkusativ
des Buches	Genitiv

Aufgabe 7: Bilde Sätze und schreibe sie auf.

-heit (Gesundheit)
-keit (Wirklichkeit)
-ung (Wohnung)
-nis (Zeugnis)
-schaft (Freundschaft)
-tum (Altertum)

Mögliche Lösungen.

Gesundheit ist ein hohes Gut – das sieht man oft erst ein, wenn man krank ist.
Er behauptete, ihr treu zu sein. In **Wirklichkeit** traf er sich schon seit Wochen mit einer anderen Frau.
Für eine **Wohnung** muss man heutzutage oft mehr als ein Drittel seines Gehaltes ausgeben.
Fändest du es gut, wenn im **Zeugnis** auch Fleiß und soziales Verhalten bewertet werden würden?
Da Jana ständig mit anderen Jungen flirtete, bekam ihre **Freundschaft** zu Kai einen Knacks.
Mit **Altertum** bezeichnet man den Zeitabschnitt zwischen Frühgeschichte und Mittelalter.

Wortartbezogen: Adjektiv

Aufgabe 1:

In dem **großen** Garten steht neben der **zierlichen** Birke ein **alter** Eichenbaum, dessen Blätter jetzt **gelb** werden.

Adjektiv	**gebeugt oder ungebeugt?**
großen	gebeugt
zierlichen	gebeugt
alter	gebeugt
gelb	ungebeugt

Aufgabe 2:

Notiere dir hier zwei Merkmale, an denen du ein Adjektiv erkennen kannst:

1. Ich kann danach mit „*Wie* ist etwas?" fragen.

2. Ein Adjektiv steht entweder gebeugt vor dem Substantiv (attributiv) oder ungebeugt nach dem Verb (prädikativ).

Wortartbezogen: Verb

Hinweis für den Lehrenden:
Begriffserklärung:
„Numerus" heißt einfach übersetzt so viel wie „Zahl". Bezüglich der Grammatik bedeutet es allerdings eine grammatische Kategorie, die angibt, ob die durch Nomen, Pronomen oder Verb ausgedrückten Begriffe einfach (Singular) oder mehrfach (Plural) aufzufassen sind.

Die anderen Begriffe können kurz und knapp übersetzt werden und stehen in Klammern.

Das Verb

Verben, auch „Zeitwörter" oder „Tätigkeitswörter" genannt, werden **klein**geschrieben.

1. Hinweis: Das Verb beschreibt, was jemand *tut*:
Lars ***kippelt*** *mit dem Stuhl.* Was tut Lars? Er **kippelt**.
Kira ***schläft*** *auf dem Sofa.* Was tut Kira? Schreibe auf: Sie **schläft**.
Der Mond ***scheint*** *durch das Fenster.* Was tut der Mond? Schreibe auf: Er **scheint**.

Aufgabe:
- Finde die Verben im Text und trage sie in die Tabelle ein.
- Fülle die Spalten für Person, Numerus und Tempus (Zeit) aus.

Die Uhr tickt. Wusstest du, dass Kira seit zwei Tagen kaum geschlafen hat? Gestern fielen ihr schon die Augen zu, als sie am Schreibtisch saß. Wir lernen gemeinsam für die Matheklausur und hoffen, dass wir beide eine gute Note bekommen werden.

sie tickt	**3. Person, Singular, Präsens**
du wusstest	2. Person, Singular, Präteritum
sie hat geschlafen	3. Person, Singular, Perfekt
sie fielen	3. Person, Plural, Präteritum
sie saß	3. Person, Singular, Präteritum
wir lernen	1. Person, Plural, Präsens
wir hoffen	1. Person, Plural, Präsens
wir werden bekommen	1. Person, Plural, Futur I

Wortartbezogen: Substantiv, Adjektiv und Verb

Hinweis für den Lehrenden:
Es sollen die drei gängigen Wortarten im Text erkannt werden. Es kommen konkrete und abstrakte Substantive vor, aber noch keine Substantivierungen.

---

1. Unterstreiche alle Substantive, Adjektive und Verben in jeweils einer Farbe.
2. Verbessere die Großschreibung wie im Beispiel.

Substantive:
Süßes Glück
Kira liebt Schokolade. Sie bevorzugt die dunkle Schokolade mit hohem Kakaogehalt, die nicht so süß ist. Wusstest du, dass dieses Genussmittel von den Azteken stammt, die den Kakao mit kaltem Wasser tranken? Die Eroberer aus Spanien brachten die Schokolade im 16. Jahrhundert nach Europa.
Kakao, der Grundbestandteil von Schokolade, wird in Ländern produziert, die am Äquator liegen. Während Konzerne mit der Produktion von Schokolade große Gewinne einfahren, erhalten die Kakaobauern nur geringen Lohn. Deswegen kauft Kira Schokolade, die fair gehandelt wurde.

Adjektive:
Süßes Glück
Kira liebt Schokolade. Sie bevorzugt die dunkle Schokolade mit hohem Kakaogehalt, die nicht so süß ist. Wusstest du, dass dieses Genussmittel von den Azteken stammt, die den Kakao mit kaltem Wasser tranken? Die Eroberer aus Spanien brachten die Schokolade im 16. Jahrhundert nach Europa.
Kakao, der Grundbestandteil von Schokolade, wird in Ländern produziert, die am Äquator liegen. Während Konzerne mit der Produktion von Schokolade große Gewinne einfahren, erhalten die Kakaobauern nur geringen Lohn. Deswegen kauft Kira Schokolade, die fair gehandelt wurde.

Verben:
Süßes Glück
Kira liebt Schokolade. Sie bevorzugt die dunkle Schokolade mit hohem Kakaogehalt, die nicht so süß ist. Wusstest du, dass dieses Genussmittel von den Azteken stammt, die den Kakao mit kaltem Wasser tranken? Die Eroberer aus Spanien brachten die Schokolade im 16. Jahrhundert nach Europa.
Kakao, der Grundbestandteil von Schokolade, wird in Ländern produziert, die am Äquator liegen. Während Konzerne mit der Produktion von Schokolade große Gewinne einfahren, erhalten die Kakaobauern nur geringen Lohn. Deswegen kauft Kira Schokolade, die fair gehandelt wurde.

Satzbezogen: Erarbeitung (Seite 1)

Hinweis für den Lehrenden:
Hier noch einmal die Grundregel zur syntaxbezogenen Sichtweise der Großschreibung:

Großgeschrieben wird der Kern einer Nominalgruppe,
wenn er durch flektierte Attribute nach links erweiterbar ist.

Zu dieser Erkenntnis wird in diesen Übungen hingeführt. Der Merksatz mit der Formulierung für Schüler lautet dann:

Für die Großschreibung eines Wortes im Satz müssen zwei Bedingungen erfüllt sein:
1. Das Wort steht am **rechten** Rand eines Satzgliedes.
2. Das Wort ist nach links durch **gebeugte Adjektive**
   mit den Endungen -**e**, -**en**, -**em**, -**es** und -**er** erweiterbar.

Im Unterrichtsgespräch, das auf diese Übung folgt, sollte Folgendes besprochen werden:
- Um das Verb herum lassen sich die einzelnen Glieder eines Satzes gruppieren.
- Ein Satzglied ist das, was beim Umstellen eines Satzes zusammenbleiben muss, ohne dass der Satz sinnlos und ohne dass sein Sinn wesentlich verändert wird.
- Das *letzte Wort des Satzgliedes*, der *Kern*, ist dessen unverzichtbarer Teil.
- Der *Kern* steht am äußersten *rechten* Rand eines Satzgliedes.
- Der *Kern* ist *nach links durch gebeugte Adjektive* in beliebiger Anzahl erweiterbar.
- Der *Kern* wird *groß*geschrieben.

Schüler mit ***großen* Schwierigkeiten** müssen vier Handlungen durchführen, um über die satzbezogene Bestimmung der großzuschreibenden Wörter zu korrekten Ergebnissen zu kommen:
a) Das Prädikat (Verb mit eventuellen Zusätzen) im Satz suchen und isolieren.
b) Die Nominalgruppen (Satzglieder) durch die Umstellprobe herausfinden.
c) Den Kern (den äußeren rechten Rand) der Nominalgruppe bestimmen.
d) Prüfen, ob der Kern durch gebeugte Adjektive oder Partizipien erweiterbar ist.

Bei Schülern mit **geringeren Problemen** hingegen reicht es in der Praxis aus, lediglich die Wörter zu prüfen, bei denen sie sich unsicher sind, ob großgeschrieben werden muss oder nicht. Dabei versuchen sie, in Gedanken ein gebeugtes Adjektiv oder Partizip vor das betreffende Wort zu setzen. Wenn dies ***innerhalb des Satzes* (!!!)** gelingt, wird das Wort großgeschrieben.

Aufgabe 3: Achte auf die großgeschriebenen Wörter!
- „Beim“ wird großgeschrieben, weil das der Satzanfang ist, so viel ist klar.
- Was ist mit „Gehen“, „Grün“, „Wald“, „Tom“ und „Idee“?
- Ordne diesen Wörtern die richtige Wortart zu:

Wortbeispiel:	**Wortart:**
Gehen	Verb
Grün	Adjektiv
Tom	Name
Wald	Substantiv
Idee	Substantiv

Satzbezogen: Erarbeitung (Seite 2)

Aufgabe 5: Wie kannst du solche Substantivierungen erkennen?
b) Betrachte den Beispielsatz noch einmal:

Beim langsamen **G**ehen durch das dunkle **G**rün im kleinen **W**ald bekam der alte **T**om eine gute **I**dee.

- Unterstreiche die Wörter, die *direkt vor* den Substantiven stehen.
- Welcher *Wortart* gehören sie an: **Adjektiv**
- Sind sie *gebeugt?* Ja ☒ Nein ☐

b) Betrachte jetzt diese Satzglieder:

Der nett**e** **H**olger
überreicht
seiner hübsch**en** **F**reundin
mit herzlich**em** **L**ächeln
ein bunt**es** **H**alstuch
aus rein**er** **S**eide.

- An welcher Stelle stehen die großgeschriebenen Wörter?

Antwort: Die großgeschriebenen Wörter stehen am rechten Rand der Satzglieder.

- Unterstreiche alle Adjektive.
- Welche Endungen haben sie?

Antwort: Die Adjektive haben die Endungen -**e**, -**en**, -**em**, -**es** und -**er**.

Aufgabe 6: Versuche nun, die Lücken im Merksatz zu füllen.

Für die Großschreibung im Satz müssen zwei Bedingungen erfüllt werden:

1. Das Wort steht am **rechten** Rand eines Satzgliedes.
2. Es ist nach links durch **gebeugte** **Adjektive** mit den Endungen -**e**, -**en**, -**em**, -**es** und -**er** erweiterbar.

Satzbezogen: Erweitern der Substantive üben

Aufgabe 1: Lücken füllen

- Setze die Adjektive und Partizipien im Kasten vor die passenden Substantive im Text.
- Beachte ihre Form.

Adjektive: innig, rot, treu, silbern, östlich, klein, neu, riesig, laut, leer

Partizipien: strahlend, untergehend, drohend, geliebt, gewunden

Eine seltsame Begegnung

Mit einem innig**en** Kuss verabschiedete sich Michael von seiner geliebt**en** Freundin und stieg in sein klapprig**es** Auto.

Auf der gewunden**en** Landstraße fuhr er im strahlend**en** Schein der untergehend**en** Abendsonne Richtung Westen, während am östlich**en** Himmel drohend**e** Wolken aufzogen.

Als er im Handschuhfach nach einer neu**en** CD suchte, überfuhr er eine rot**e** Ampel. Ein riesig**er** Lastwagen donnerte mit laut**em** Getöse äußerst knapp an ihm vorbei. Michael erschrak furchtbar und parkte erst einmal zitternd an einer klein**en** Tankstelle. Dort blieb er sitzen, bis er sich wieder etwas beruhigt hatte, nutzte aber anschließend gleich die Gelegenheit, um den fast leer**en** Tank aufzufüllen.

Aufgabe 2: Finde jetzt selbst passende Adjektive oder Partizipien.

- Setze ihre gebeugten Formen vor die großgeschriebenen Wörter.

Mögliche Lösungen:

Nachdem das erledigt war, ging Michael in den winzig**en** Tankstellenshop, nahm sich eine kalt**e** Flasche Cola aus dem Kühlschrank und wollte gerade bezahlen, als er einen alt**en** Mann mit einem merkwürdigen Hut an der Kasse bemerkte. Der schmächtig**e** Alte hatte ihn die ganze Zeit lang über den Rand seiner rund**en** Brillengläser hinweg beobachtet. Plötzlich lächelte er und sprach Michael an: „Gut, dass du hier bist!"

Michael machte ein misstrauisch**es** Gesicht. „Kennen wir uns?", fragte er vorsichtig.

„Sagen wir mal so: Ich kenne *deine Zukunft*", erklärte der Mann, „und du solltest noch warten, bevor du wieder zu deinem Auto gehst!"

Michael zuckte mit den Schultern und hielt dem wartend**en** Tankwart an der Kasse einen zerknittert**en** Geldschein hin. Was ging ihn der seltsam**e** Kerl überhaupt an? Nachdenklich steckte er sein zerknautscht**es** Portemonnaie in die Hosentasche und wollte schon die Ladentür öffnen. Aber irgendwie fühlte er sich von dem durchdringend**en** Blick des Alten zurückgehalten. Er zögerte... und genau in diesem Moment wurde der dämmrig**e** Laden taghell erleuchtet. Ein grell**er** Blitz zuckte über den schwarzblau**en** Himmel, gefolgt von einem ohrenbetäubend**en** Donnern. Gleich darauf krachte es so heftig, dass die schmutzig**en** Fensterscheiben erzitterten. Entgeistert beobachtete Michael, wie die hoh**e** Tanne an der Tankstellenausfahrt Feuer fing und nach wenig**en** Sekunden lodernd und orangerot**e** Funken sprühend auf die Straße krachte.

Der sonderbar**e** Alte nickte Michael mit unbewegt**er** Miene zu und verließ den Laden.

Aufgabe 3: Achte noch einmal auf die Endungen der Adjektive und Partizipien:

- Welche Endungen tauchen auf? **-en, -es, -e, -er** und **-em**

Satzbezogen: Erkennen von Nominalgruppen üben

Hinweis für den Lehrenden:
Diese Übung dient der Festigung, dass der *Kern* einer Nominalgruppe, der im Deutschen an ihrem äußersten rechten Rand steht, großgeschrieben wird. Eine Nominalgruppe ist eine syntaktische Einheit, die bei der Umstellprobe zusammenbleibt.

Besprechen Sie noch einmal folgenden Sachverhalt:

- Um das Verb herum lassen sich die einzelnen Glieder eines Satzes gruppieren.
- Ein Satzglied ist das, was beim Umstellen eines Satzes zusammenbleiben muss, ohne dass der Satz sinnlos bzw. dass sein Sinn wesentlich verändert wird.
- Das *letzte Wort des Satzgliedes*, der *Kern*, ist dessen unverzichtbarer Teil. Er wird *groß*geschrieben.
- Der Kern ist *nach links durch gebeugte Adjektive* oder *Partizipien* in beliebiger Anzahl erweiterbar.

Aufgabe 1:
In warmen Sommernächten betrachtet der schlaflose Tobias in dem verwilderten Garten mit einem kleinen Fernrohr die funkelnden Sterne.

Aufgabe 2:
Wann (betrachtet Tobias die Sterne)?
In warmen Sommernächten betrachtet der schlaflose Tobias in dem verwilderten Garten mit seinem neuen Fernrohr die funkelnden Sterne.
Wer (betrachtet die Sterne)?
Der schlaflose Tobias betrachtet in warmen Sommernächten in dem verwilderten Garten mit seinem neuen Fernrohr die funkelnden Sterne.
Wo?
In dem verwilderten Garten betrachtet der schlaflose Tobias in warmen Sommernächten mit seinem neuen Fernrohr die funkelnden Sterne.
Womit?
Mit seinem neuen Fernrohr betrachtet der schlaflose Tobias in warmen Sommernächten in dem verwilderten Garten die funkelnden Sterne.
Was (betrachtet Tobias)?
Die funkelnden Sterne betrachtet der schlaflose Tobias in warmen Sommernächten in dem verwilderten Garten mit seinem neuen Fernrohr.
Formuliere jetzt den ganzen Satz als Frage:
Betrachtet der schlaflose Tobias in warmen Sommernächten in dem verwilderten Garten mit seinem neuen Fernrohr die funkelnden Sterne?

Aufgabe 3: Schreibe Prädikat und Satzglieder untereinander auf:

	In warmen Sommernächten
Prädikat:	betrachtet
	der schlaflose Tobias
	in dem verwilderten Garten
	mit seinem neuen Fernrohr
	die funkelnden Sterne.

Aufgabe 4: Achte jetzt auf die Großschreibung.
Großgeschrieben werden immer die Wörter am **rechten Rand eines Satzgliedes**.

Aufgabe 5:

	Mit heftigem **K**opfschütteln
Prädikat:	verneint
	der grimmige **U**lf
	die gutgemeinte **F**rage.

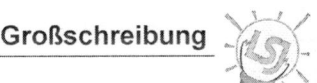

Satzbezogen: Nominalgruppen erkennen (Vertiefen)

Hinweis für den Lehrenden:
Die Übung ist als Vertiefung für Schüler gedacht, die größere Schwierigkeiten mit der Großschreibung haben. Für sie ist es wichtig, die Stellen im Satz zu erkennen, an denen großzuschreibende Wörter auftauchen können, nämlich am rechten Rand der Satzglieder.

Übe noch ein bisschen!
Schreibe die einzelnen Satzglieder mit richtiger Großschreibung untereinander.

Aus schierer langeweile kritzelt der schläfrige lars in der eintönigen deutschstunde alberne smileys auf die hölzerne tischplatte.

Aus schierer **Langeweile**
kritzelt
der schläfrige **Lars**
in der eintönigen **Deutschstunde**
alberne **Smileys**
auf die hölzerne **Tischplatte**.

Am späten nachmittag gibt die fröhliche kira ihrem kleinen dackel
in einer silbernen schüssel einen riesigen knochen.

Am späten **Nachmittag**
gibt
die fröhliche **Kira**
ihrem kleinen **Dackel**
in einer silbernen **Schüssel**
einen riesigen **Knochen**.

In roter kriegsbemalung tanzen die tapferen indianer am frühen morgen
mit hölzernen tomahawks zu dumpfen trommelschlägen vor ihren spitzen zelten

In roter **Kriegsbemalung**
tanzen
die tapferen **Indianer**
am frühen **Morgen**
mit hölzernen **Tomahawks**
zu dumpfen **Trommelschlägen**
vor ihren spitzen **Zelten**.

Satzbezogen: Großschreibung der Kerne von Nominalgruppen vertiefen

Hinweis für den Lehrenden:
Gemäß der bereits gewonnen Erkenntnis werden die großzuschreibenden Wörter gesucht, nämlich die Kerne der Satzglieder bzw. die Wörter am rechten Rand eines Satzgliedes.

Eine mögliche Lösung:

Chemiestunde in der 10 a

Eine gelbe Flüssigkeit **blubbert** seit einer Viertelstunde im großen Erlenmeyerkolben.

Beim angestrengten Lernen **bereitet** die schwüle Sommerhitze erhebliche Schwierigkeiten.

Über der ahnungslosen Ayse **schwebt** an einem dünnen Faden eine winzige Spinne.

Hantiert der schwitzende Lehrer vor dem gekachelten Pult mit verschiedenen Substanzen?

Mit beherztem Griff **öffnet** der stämmige Frank das staubige Fenster.

Die hungrige Paula **wartet** mit knurrendem Magen auf den erlösenden Gong.

Satzbezogen: Grundregel automatisieren

Hinweis für den Lehrenden:
Auch hier wird noch einmal geübt, das Verb und die einzelnen Satzglieder zu erkennen und das großzuschreibende Wort zu suchen.

Zur Vertiefung können die Sätze zusätzlich mit korrekter Großschreibung ins Heft geschrieben werden.

---

1. Verbessere die Sätze hinsichtlich der Großschreibung.
Tipps zur Vorgehensweise:
- Unterstreiche das Prädikat (Verb).
- Trenne den Satz mit Schrägstrichen in seine einzelnen Satzglieder.
- Verbessere dann die Großschreibung.

Die bezaubernde Karin / erscheint / zum diesjährigen Karneval / als bunter Schmetterling.

Die lustige Hochzeitsgesellschaft / tanzt / unter großem Gelächter / den albernen Ententanz.

Die kecke Ursula / überredet / den faulen Gerd / zu einem weiteren Tanzkurs.

Im riesigen Russland / leben / über 100 verschiedene Völkerschaften.

Der edle Ritter / schenkt / seinem geliebten Burgfräulein / zum heutigen Geburtstag / ein ganzes Wildschwein.

Der hungrige Tiger / beobachtet / seit einigen Minuten / mit knurrendem Magen / die grasende Gazelle.

2. Hier ist das Prädikat mehrteilig.
- Unterstreiche zuerst alle Teile des Verbs und suche dann die großzuschreibenden Wörter.

Der wagemutige Akrobat / will / auf dem hohen Seil / einen perfekten Purzelbaum / vorführen.

In der trockenen Wüste / muss / der mutige Überlebenskünstler / giftige Skorpione / essen.

An jedem freien Sonntag / möchte / die alte Großtante / in ihrem geblümten Kleid / zu einem leckeren Essen / ausgeführt werden.

Den ganzen Tag / darf / der dicke Koch / mit seinem hölzernen Löffel / von allen köstlichen Speisen / probieren.

Das monatelange Blühen / hat / der tropischen Hängepflanze / sämtliche Kräfte / geraubt.

Im nebligen Herbst / wird / bei den europäischen Laubbäumen / das saftige Grün / in leuchtendes Gelb / verwandelt.

Satzbezogen: Präpositionale Attribute erkennen (Seite 1)

Hinweis für den Lehrenden:
Die Schüler wenden die Umstellprobe auf Sätze mit präpositional angeschlossenen Attributen an. Ergebnis und Problemerkennung: Attribute und Bezugswörter bleiben zusammen, so dass auch Wörter großgeschrieben werden, die nicht am äußersten Rand des Satzgliedes stehen, z.B.:

Die Frau mit dem Hut verschwand hinter der Hoteltür.
Umstellprobe: Hinter der Hoteltür verschwand die Frau mit dem Hut.

„Die Frau mit dem Hut" muss in diesem Fall zusammenbleiben, sonst verändert sich der Sinn des Satzes.

Es sind also innerhalb eines Satzgliedes *zwei* großzuschreibende Wörter zu erkennen. Dies kann durch die (gedankliche) Voranstellung eines gebeugten Adjektivs geschehen:

Die schöne Frau mit dem roten Hut verschwand hinter der Hoteltür.

Aufgabe 1: Finde das Prädikat und die einzelnen Satzglieder heraus.
- Wende dabei die Umstellprobe an.
- Achte auf die großgeschriebenen Wörter.
- Schreibe deine Beobachtung auf.

Auf der Feier von Ayse sind am frühen Abend viele Gäste.

Auf der Feier von Ayse
Prädikat: sind
am frühen Abend
viele Gäste.

Das Mädchen mit den Rastazöpfen lästert bis in die späte Nacht über die Lehrer.

Das Mädchen mit den Rastazöpfen
Prädikat: lästert
bis in die späte Nacht
über die Lehrer.

Die laute türkische Rockmusik übertönt das Klopfen an der Tür.

Die laute türkische Rockmusik
Prädikat: übertönt
das Klopfen an der Tür

Beobachtung:
„Auf der Feier von Ayse", „das Mädchen mit den Rastazöpfen" und **„das Klopfen an der Tür"** bleiben bei der Umstellprobe zusammen. Damit werden die Wörter „**Feier**", „**Mädchen**" und „**Klopfen**" *groß*geschrieben, obwohl sie *nicht* am rechten Rand des Satzgliedes stehen.

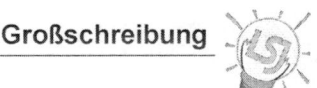

Satzbezogen: Präpositionale Attribute erkennen (Seite 2)

Aufgabe 2: Vergleiche deine Beobachtung mit der Lösung zu Aufgabe 1.
- Überlege: Wie kannst du herausfinden, dass „Feier", „Mädchen" und „Klopfen" großgeschrieben werden, obwohl sie *nicht* am *rechten Rand des Satzgliedes* stehen?

Antwort:
Man stellt in Gedanken ein gebeugtes Adjektiv oder Partizip vor diejenigen Wörter, von denen man meint, dass sie wahrscheinlich großgeschrieben werden müssen. Wenn dies innerhalb des Satzes funktioniert, werden sie tatsächlich großgeschrieben. Dieser Trick wird übrigens „Erweiterungsprobe" genannt.

Auf der **fröhlichen, gemütlichen, heutigen** Feier von Ayse sind am frühen Abend viele Gäste.

Das **blonde, ausgelassene, grinsende** Mädchen mit den Rastazöpfen lästert bis in die späte Nacht über die Lehrer.

Die laute türkische Rockmusik übertönt das **leise, zaghafte, anhaltende** Klopfen an der Tür.

[Aufgabe 3: Lies jetzt die Lösung zu Aufgabe 2.]

Aufgabe 4: Verwende die Erklärung bei den folgenden Sätzen.
- Unterstreiche das Prädikat und trenne die Satzglieder mit Schrägstrichen voneinander ab.
- Wende die Erweiterungsprobe auf die Wörter an, die *nicht* am rechten Rand des Satzgliedes stehen.
- Verbessere die Großschreibung.

der verträumte timo läuft gegen die tür aus glas.

Der verträumte Timo / läuft / gegen die *schmale* Tür aus Glas.

die katze auf dem baum beäugt den mann auf der leiter.

Die *graue* Katze auf dem Baum / beäugt / den *hilfsbereiten* Mann auf der Leiter.

in dem laden an der ecke kauft kira jeden mittwoch tee aus china.

In dem *kleinen* Laden an der Ecke / kauft / Kira / jeden Mittwoch / *grünen* Tee aus China.

auf der reise nach moskau hat katja tänze aus russland kennengelernt.

Auf der *aufregenden* Reise nach Moskau / hat / Katja / *wilde* Tänze aus Russland / kennengelernt.

Satzbezogen: Genitivattribute und sächsischer Genitiv (Seite 1)

Hinweis für den Lehrenden:

Optionale Übung! Bitte erst anbieten, wenn die Grundregel bereits hinreichend automatisiert wurde!

Genitivattribute können in bestimmten Fällen (bei Personenbezeichnungen und Eigennamen) verdreht und verkürzt gebildet werden: *Omas Kuchen*; *Marias Schwester* usw. Diese Konstruktion heißt „sächsischer Genitiv“ (Konstruktion und Begriff sind dem Angelsächsischen entlehnt: John's house).
Es ist davon auszugehen, dass die meisten älteren Schüler hier keine Schwierigkeiten mit der Großschreibung haben. Da man in diesen Fällen aber das regierende Element nicht einfach mit gebeugten Adjektiven so erweitern kann, wie es die Grundregel zur satzbezogenen Großschreibung vorgibt, wird die Übung trotzdem angeboten.

Um die richtige Schreibung satzbezogen herauszufinden, müssen die Nominalgruppen umkonstruiert werden:

Omas Kuchen → der Kuchen von der Oma → Der leckere Kuchen von der lieben Oma.
Marias Schwester → die Schwester von Maria → Die große Schwester von der netten Maria.

Bei *Eigennamen* kann man allerdings sowieso davon ausgehen, dass die Großschreibung für alle Schüler selbstverständlich ist.

Monika fährt mit dem Fahrrad ihres Bruders auf der Landstraße.

Bei Sonnenschein wehen die Haare des Mädchens im Wind.

Aufgabe 1: Wende bei obigen Sätzen die Umstellprobe an.
- Welche Satzglieder bleiben zusammen? Unterstreiche sie rot.

Monika	Bei Sonnenschein
fährt	wehen
mit dem Fahrrad ihres Bruders	die Haare des Mädchens
auf der Landstraße.	im Wind.

Aufgabe 2: Schreibe die beiden Sätze erneut auf.
- Erweitere die großgeschriebenen Wörter, die *nicht* am rechten Rand des Satzgliedes stehen:

Monika / fährt / mit dem **rostigen** Fahrrad ihres Bruders / auf der Landstraße.

Bei Sonnenschein / wehen / die **langen** Haare des Mädchens / im Wind.

Aufgabe 3: Beantworte die Frage!
- In welchem Fall stehen „Bruder“ und „Mädchen“ hier? **Im 2. Fall; im Genitiv.**

Aufgabe 4: Trenne den Satz mit Schrägstrichen in Prädikat und Satzglieder.

Timo / unternimmt / seine ersten Fahrversuche / mit Vaters Wagen.

- Welches großgeschriebene Wort steht *nicht* am rechten Rand des Satzgliedes? **Vaters**
- Kannst du dieses Wort mit einem gebeugten Adjektiv oder Partizip sinnvoll erweitern? **Nein**

Satzbezogen: Genitivattribute und sächsischer Genitiv (Seite 2)

Merke!
Ausdrücke, wie „das Fahrrad ihres Bruders" oder „die Haare des Mädchens" zeigen Besitz an. **„ihres Bruders"** und **„des Mädchens"** sind sogenannte **Genitivattribute** zu „Fahrrad" und „Haare".

Besitz kann aber auch anders ausgedrückt werden, und zwar durch den **sächsischen Genitiv**:

Aufgabe 5: Wende einen Trick an!
- Ändere das unterstrichene Satzglied so, dass du „Vater" und „Wagen" erweitern kannst:

Timo unternimmt seine ersten Fahrversuche mit Vaters Wagen.

Lösung: Timo unternimmt seine ersten Fahrversuche mit dem **alten** Wagen des **netten** Vaters.
Merke:
Die Konstruktion *Vaters Wagen*, *Omas Kuchen*, *Gregors Rad* usw. nennt man „sächsischen Genitiv".

Aufgabe 6: Lies die Lösung zu Aufgabe 5.
- Verbessere dann bei den folgenden Sätzen die Großschreibung.
- Verwandle die „sächsischen Genitive" in Genitivattribute und erweitere sie anschließend.

der wunsch meiner schwester ging in erfüllung.

Lösung: Der **heimliche** Wunsch meiner **großen** Schwester ging in Erfüllung.

an diesem abend lauschte die ganze familie großvaters erzählungen.

Lösung: An diesem Abend lauschte die ganze Familie den **spannenden** Erzählungen des **lebensfrohen** Großvaters.

der klang seiner stimme hatte eine beruhigende wirkung.

Lösung: Der **wohltuende** Klang seiner **tiefen** Stimme hatte eine beruhigende Wirkung.

der schein der kerzen erfüllte den raum.

Lösung: Der **warme** Schein der **brennenden** Kerzen erfüllte den Raum.

der alte kater räkelte sich in mutters armen.

Lösung: Der alte Kater räkelte sich in den **weichen** Armen der **liebevollen** Mutter.

Satzbezogen: Wiederholung des bisher Gelernten im Text

Hinweis für den Lehrenden:

Das in den vorangegangenen Übungen Gelernte muss im Text angewandt werden. Dabei soll es freigestellt sein, ob die Form des *Lückentextes* oder des *Diktats* gewählt wird.
Der *Lückentext* hat den Vorteil, dass der Schüler selbstständig arbeiten und sich aufgrund der in Klammern angegebenen Wörter nur auf die Großschreibung konzentrieren muss.
Ein *Diktat* ist ungleich schwieriger und könnte deshalb bei Schülern mit kleineren Problemen zum Einsatz kommen. Dabei wäre es sinnvoll, zwar alle Fehler zu markieren, aber nur diejenigen, die die Großschreibung betreffen, mit *Rot* anzustreichen (die anderen beispielsweise in Grün).
Fehler bei der Großschreibung sollten bei beiden Übungsformen ausführlich besprochen werden. Fragen Sie nach, warum der Schüler so geschrieben hat, um herauszufinden, welche Prinzipien er noch nicht hinreichend verstanden hat und gegebenenfalls nochmals üben muss.

Blumenkohlauflauf

Aus **Vaters schneller Küche** stammt **dieses Rezept** für **Leas Lieblingsauflauf**. Willst du es ausprobieren? So geht es:

Du nimmst ein **Messer mit großer Klinge** und **einen Kopf Blumenkohl**, den du **in kleine Röschen** zerteilst. Dazu schneidest du **ein Pfund Kartoffeln**, die du vorher geschält hast, **in mundgerechte Stückchen**.

Die **Blätter des Blumenkohls** und **die Schalen der Kartoffeln** kommen **in den Biomüll**.

Blumenkohlröschen und Kartoffelstückchen werden **in gesalzenem Wasser** gekocht, bis sie bissfest sind. Währenddessen lässt du **ein halbes Stück Butter** in einem zweiten Topf **auf kleiner Flamme** schmelzen und gibst **einige Esslöffel Mehl** hinzu, bis aus beidem **eine feste Masse** wird. Dann fügst du unter Rühren **so viel Milch** dazu, dass ca. **ein Liter dickflüssige Soße** entsteht.

Diese Soße aus Mehl und Butter heißt Mehlschwitze. Würze sie mit **einer Prise geriebener Muskatnuss** und **einigen Tropfen Zitronensaft**. Nimm nun **eine eingefettete Auflaufform** und fülle sie **mit dem kleingeschnittenen Gemüse**.

Wenn du möchtest, kannst du das Ganze **mit Wurststückchen** verfeinern (Cabanossi sind sehr passend). Gib nun **die Soße** darüber und bestreue den Auflauf danach mit Käse.

Schiebe ihn **in den Backofen** und lasse ihn bei 250° C backen, bis der Käse golden und leicht gebräunt ist (ca. 20 Minuten). Guten Appetit!

Satzbezogen: Wiederholung des bisher Gelernten im Text

Hinweis für den Lehrenden:
Das in den vorangegangenen Übungen Gelernte muss im Text angewandt werden. Dabei soll es freigestellt sein, ob die Form des *Lückentextes* oder des *Diktats* gewählt wird.
Der *Lückentext* hat den Vorteil, dass der Schüler selbstständig arbeiten und sich aufgrund der in Klammern angegebenen Wörter nur auf die Großschreibung konzentrieren muss.
Ein *Diktat* ist ungleich schwieriger und könnte deshalb bei Schülern mit kleineren Problemen zum Einsatz kommen. Dabei wäre es sinnvoll, zwar alle Fehler zu markieren, aber nur diejenigen, die die Großschreibung betreffen, mit *Rot* anzustreichen (die anderen beispielsweise in Grün).
Fehler bei der Großschreibung sollten bei beiden Übungsformen ausführlich besprochen werden. Fragen Sie nach, warum der Schüler so geschrieben hat, um herauszufinden, welche Prinzipien er noch nicht hinreichend verstanden hat und gegebenenfalls nochmals üben muss.

Blumenkohlauflauf

Aus **Vaters Küche** stammt **dieses Rezept** für **Leas Lieblingsauflauf**. Willst du es ausprobieren? So geht es:
Du nimmst ein **Messer mit großer Klinge** und **einen Kopf Blumenkohl**, den du **in Röschen** zerteilst. Dazu schneidest du **ein Pfund Kartoffeln**, die du vorher geschält hast, **in Stückchen**. Die **Blätter des Blumenkohls** und die **Schalen der Kartoffeln** kommen **in den Biomüll**.
Blumenkohlröschen und Kartoffelstückchen werden **in Wasser** gekocht, das du vorher gesalzen hast, bis sie bissfest sind. Währenddessen lässt du **ein Stück Butter** (ca. 125g) **in einem zweiten Topf auf kleiner Flamme** schmelzen und gibst **einige Esslöffel Mehl** hinzu, bis aus beidem **eine feste Masse** wird.
Dann fügst du unter Rühren **so viel Milch** dazu, dass ca. **ein Liter dickflüssige Soße** entsteht. **Diese Soße aus Mehl und Butter** heißt Mehlschwitze. Würze sie mit **einer Prise Muskatnuss** und **einigen Tropfen Zitronensaft**. Nimm nun **eine gefettete Auflaufform** und fülle sie **mit dem Gemüse**. Wenn du möchtest, kannst du das Ganze **mit Wurststückchen** verfeinern (Cabanossi* sind sehr passend). Gib nun **die Soße** darüber und bestreue den Auflauf danach mit Käse. Schiebe ihn **in den Backofen** und lasse ihn bei 250° C backen, bis der Käse golden und leicht gebräunt ist (ca. 20 Minuten). Guten Appetit!

Satzbezogen: Wiederholung des bisher Gelernten im Text

Hinweis für den Lehrenden:

Das in den vorangegangenen Übungen Gelernte muss im Text angewandt werden. Dabei soll es freigestellt sein, ob die Form des *Lückentextes* oder des *Diktats* gewählt wird.
Der *Lückentext* hat den Vorteil, dass der Schüler selbstständig arbeiten und sich aufgrund der in Klammern angegebenen Wörter nur auf die Großschreibung konzentrieren muss.
Ein *Diktat* ist ungleich schwieriger und könnte deshalb bei Schülern mit kleineren Problemen zum Einsatz kommen. Dabei wäre es sinnvoll, zwar alle Fehler zu markieren, aber nur diejenigen, die die Großschreibung betreffen, mit *Rot* anzustreichen (die anderen beispielsweise in Grün).
Fehler bei der Großschreibung sollten bei beiden Übungsformen ausführlich besprochen werden. Fragen Sie nach, warum der Schüler so geschrieben hat, um herauszufinden, welche Prinzipien er noch nicht hinreichend verstanden hat und gegebenenfalls nochmals üben muss.

Blumenkohlauflauf

Aus **V**aters **K**üche stammt dieses **R**ezept für **L**eas **L**ieblingsauflauf. **W**illst du es ausprobieren? **S**o geht es: **D**u nimmst ein **M**esser mit großer **K**linge und einen **K**opf **B**lumenkohl, den du in **R**öschen zerteilst. **D**azu schneidest du ein **P**fund **K**artoffeln, die du vorher geschält hast, in **S**tückchen. **D**ie **B**lätter des **B**lumenkohls und die **S**chalen der **K**artoffeln kommen in den **B**iomüll. **B**lumenkohlröschen und **K**artoffelstückchen werden in **W**asser gekocht, das du vorher gesalzen hast, bis sie bissfest sind. **W**ährenddessen lässt du ein **S**tück **B**utter (ca. 125g) in einem zweiten **T**opf auf kleiner **F**lamme schmelzen und fügst einige **E**sslöffel **M**ehl hinzu, bis aus beidem eine feste **M**asse wird. **D**ann fügst du unter **R**ühren so viel **M**ilch dazu, dass ca. ein **L**iter dickflüssige **S**oße entsteht. **D**iese **S**oße aus **M**ehl und **B**utter heißt **M**ehlschwitze. **W**ürze sie mit einer **P**rise **M**uskatnuss und einigen **T**ropfen **Z**itronensaft. **N**imm nun eine **A**uflaufform (vorher einfetten!) und fülle sie mit dem **G**emüse. **W**enn du möchtest, kannst du den **A**uflauf mit **W**urststückchen verfeinern (**C**abanossi* sind sehr passend). **G**ib nun die **S**oße darüber und bestreue den **A**uflauf danach mit **K**äse. **S**chiebe ihn in den **B**ackofen und lasse ihn bei 250° C backen, bis der **K**äse golden und leicht gebräunt ist (ca. 20 **M**inuten). **G**uten **A**ppetit!

Weitere Signale: Artikel

Hinweis für den Lehrenden:
Einige Fälle, bei denen die Großschreibung vor allem nach der Rechtschreibreform vorgeschrieben wird, lassen sich nicht unter den satzbezogenen Ansatz der Großschreibung subsumieren, z.B. im Trüben fischen, im Dunkeln munkeln usw. Für diese Fälle bleibt die Artikelprobe eine wichtige, wenn auch zum Teil Irrwege provozierende Hilfestellung.

Beachtet werden muss dabei vor allem Folgendes:
Der Tipp „Wenn ich der-die-das davor stellen kann, wird das Wort großgeschrieben" ist natürlich in seinem Kern richtig, kann aber zu einigen Missverständnissen führen:

- Der größte Fehler ist zu versuchen, den Artikel *außerhalb* des Satzzusammenhanges vor das isolierte Wort zu stellen, denn das funktioniert bei jeder Wortart und *alle* Wörter könnten demnach großgeschrieben werden. So kommen falsche Begründungen zustande wie: „'Das Laufen' kann man sagen, also: *Wir Laufen in die Schule."
- Des Weiteren werden von Schülern mit größeren Problemen oft die gebeugten Artikel nicht mehr als solche erkannt: *Wir geben *dem* hund *den* knochen.
- Oder Adjektive werden großgeschrieben, wenn diese den Artikel aus seiner gewohnten Stellung *unmittelbar vor* dem Nomen verdrängen: *Das Rote auto biegt um die Ecke.
- Auch verstecken sich Artikel oft hinter Pronomen oder Zahlwörtern, so dass sie nicht mehr erkannt werden: **Dieses* haus gehört uns. *Wir haben *viele* tiere.
- Häufig fehlen die Artikel völlig, so dass Fehler entstehen wie: *Ich habe glück gehabt.

Aufgabe:
- Unterstreiche alle Artikel und die Wörter, zu denen sie gehören.
- Verbessere die Großschreibung wie im Beispiel.
- Schreibe dann die vollständigen Sätze mit korrekter Großschreibung auf die Zeilen.

D
~~d~~ie Stadtverwaltung hat das Skaten auf dem Bahnhofsvorplatz verboten.

Die tolle Figur der Schönheit auf der Tanzfläche bringt die Jungen völlig durcheinander.

Ein lautes Krachen aus Dem oberen Stockwerk riss den alten Mann aus dem Schlaf.

Auf dem Fußboden herrschte ein heilloses Durcheinander.

Ein Wink mit dem Zaunpfahl half ihm auf die Sprünge.

Weitere Signale: Artikel mit Präpositionen verschmolzen

Hinweis für den Lehrenden:
Auch wenn die Auflösung in Präposition und Artikel zum Teil recht unbeholfen klingt, ist diese Handlungsweise eine nicht zu unterschätzende Hilfestellung, um ein großzuschreibendes Wort zu erkennen.

Aufgabe: Suche alle Artikel, auch die „versteckten".
- Unterstreiche sie und die Wörter, zu denen sie gehören.
- Löse versteckte Artikel auf und verbessere die Großschreibung wie im Beispiel.
- Schreibe dann die vollständigen Sätze mit korrekter Großschreibung auf die Zeilen.

D E F
das **e**ssen war vom (von + dem) **f**einsten.

Das Lachen blieb ihm im (in dem) Hals stecken.

Es gab süßes Vanilleeis zum (zu dem) Apfelkuchen.

Das schrille Läuten der Türklingel störte sie beim (bei dem) Essen.

Das Spazierengehen im (in dem) Grünen langweilte ihn.

Mit der Bemerkung hat die kluge Ayse mal wieder ins (in das) Schwarze getroffen.

Weitere Signale: Pronomen und Fragewörter

Hinweis für den Lehrenden:
In vielen Fällen kann auch bei Satzkonstruktionen mit Pronomen und Fragewörtern zusätzliche Sicherheit über die *Erweiterungsprobe* geschaffen werden:

- In welche tolle Disco gehen wir heute?
- Weißt du, zu wem diese süße Kleine gehört?
- Ihr heiseres Flüstern war kaum zu verstehen.

Schwierig wird es aber zum Beispiel bei „Immerhin hat er sein Bestes gegeben", da „sein Bestes" nicht sinnvoll durch ein gebeugtes Adjektiv erweitert werden kann. Hier wäre also nur das Pronomen „sein" ein Hinweis auf die Großschreibung.

Aufgabe: Was passt zu was und wohin?
- Fülle die Lücken mit den passenden Wörtern und achte auf die Großschreibung.

In welche **Disco** gehen wir heute?

Weißt du, zu wem diese **Kleine** gehört?

Ihr **Flüstern** war kaum zu verstehen.

Dieser **Ton** gefällt mit nicht!

Einfach bezaubernd, dein **Lächeln**!

Wessen **Gegröle** ist auf der Straße zu hören?

Welchen **Spaß** hatten wir damals beim Fußballspiel!

In welchem **Buch** hast du das denn gelesen?

Dieses **Getue** geht mir auf die Nerven.

Immerhin hat er sein **Bestes** gegeben.

Weitere Signale: Zahlwörter und Mengenangaben

Hinweis für den Lehrenden:
Nach unbestimmten Zahlwörtern wie *wenig*, *viel*, *nichts*, *genug*, *etwas*, *allerlei* und *alles* wird generell großgeschrieben. Diesen Regelsatz muss man sich merken, da hier vor die großzuschreibenden Wörter nicht wirklich sinnvoll gebeugte Adjektive gestellt werden können (alles *schöne Gute → funktioniert nicht).
Beispiele für Großschreibungen:

wenig **N**eues
viel **G**utes
zu viel **S**üßes
nichts **B**rauchbares
genug **F**lüssiges
etwas **S**chönes
allerlei **H**erzhaftes
alles **G**ute

Zur Vertiefung können Wortverbindungen nach obigem Vorbild gesucht und aufgeschrieben werden.

Setze die Zahlwörter und Mengenangaben passend in den Text ein.
Ergänze auch den Anfangsbuchstaben der großzuschreibenden Wörter.

alles nichts genügend ausreichend drei viel
etwas (2x) mancher zwei wenige allerlei fünf

Mögliche Lösung:

Tee, Gebäck und Lahmacun

Gestern hatte Ayse gut zu tun: Kira und Sonja wollten zu Besuch kommen, und so hatte sie sich vorgenommen, **etwas** **B**esonderes kochen.
Aus **zwei** **E**iern, Mehl, Hefe und **ausreichend** **W**asser machte sie einen Teig, rollte ihn zu kleinen Fladen aus und bestrich diese mit **viel** gewürztem **H**ackfleisch. **Fünf** **M**inuten im Backofen gebacken – fertig war die türkische Pizza, genannt „Lahmacun“, die ihre Mutter schon zu **mancher** **G**elegenheit angeboten hatte. Dazu sollte es **etwas** **S**üßes geben. Ayse hatte noch **genügend** **Z**eit und buk deshalb leckere türkische Plätzchen aus einem Teig, der schon am Abend vorher zubereitet werden musste. Nur **wenige** **M**inuten, nachdem sie die Plätzchen goldbraun und duftend aus der Backröhre geholt hatte, klingelte es und die Freundinnen standen vor der Tür.
Alles schmeckte ausgezeichnet und Ayse hätte **nichts** **B**esseres anbieten können.
Die **drei** **M**ädchen hatten sich **allerlei** **N**eues zu erzählen und schwatzten bei stark gesüßtem schwarzem Tee bis in den späten Abend. Dann wünschte Ayse ihren Freundinnen noch schnell **alles** **G**ute für die bevorstehende Mathearbeit, und die drei verabschiedeten sich mit einer herzlichen Umarmung.

Weitere Signale: Präpositionen

Hinweis für den Lehrenden:
Auch vorangestellte Präpositionen können ein großzuschreibendes Wort anzeigen. Zur Absicherung kann zusätzlich ein gebeugtes Adjektiv ergänzt werden.

Die vorliegende Übungsform macht ein selbstständiges Bearbeiten der Aufgabe möglich. Falls die Anweisung nicht verstanden wird, darf natürlich geholfen werden.

Aufgabe: In den Kästchen findest du Substantive, Adjektive und Verben.
- Setze sie mit den dazugehörigen Präpositionen in die Lücken ein.
- Achte auf...? Richtig: die Großschreibung!
- Ergänze zusätzlich mit Adjektiven oder Partizipien (in Klammern).

bei	mit	durch	wegen	auf
jammern	anraten	rot	warten	bauarbeiten

Pech gehabt!?
Eigentlich sollte es Sommer sein. Timo und Lars fuhren mit ihren Rädern bei (strömendem) Regen (Substantiv) über die Landstraße. Vor ihnen tauchten blinkende gelbe Lichter auf: Die linke Spur war wegen (längerer) Bauarbeiten gesperrt – daneben leuchtete eine Ampel. Auch auf (eindringliches) Anraten seines Freundes bremste Lars nicht. Er wollte seine kostbare Zeit nicht mit (nervigem) Warten verbringen und raste deshalb bei (grellem) Rot über die Ampel. Als ihm der Mercedes entgegenkam, wollten beide bremsen, doch die Straße war zu nass... Lars flog in hohem Bogen über die Motorhaube und brach sich das rechte Bein.
Als er am Montag auf Krücken in die Schule kam, war endlich Sommer. Lars fluchte und schimpfte, doch durch (lautes) Jammern wuchsen die Knochen nicht schneller zusammen...

Weitere Signale: Wiederholung

Hinweis für den Lehrenden:
Hier sollen die in den vorangegangenen Übungen gelernten „Signale“ dazu benutzt werden, die Großschreibung selbst zu überprüfen. Nach Bearbeitung durch den Schüler wäre es wichtig, dass die verschiedenen Signale noch einmal gemeinsam besprochen werden.

Die Übungsform der *Verbesserung im Text* gewährleistet ein Arbeiten, bei dem die Lehrkraft nicht durchgängig gefordert ist. Die Übung könnte aber auch als Diktat verwendet werden.

Möglichkeit zur anschließenden Diskussion:
- Was hältst du von Svens Verhalten?
- Was würdest du an Timos Stelle tun?

Nur Mut!??
Heute unternehmen Kira und Ayse eine Fahrt ins Blaue. Das Summen zahlreicher Bienen erfüllt die Luft und sie fahren bei strahlendem Sonnenschein durch die Felder. Schließlich kommen die beiden Freundinnen am Kanal heraus. Im Wasser sind zwei Jungen, und sie erkennen das Lachen von Timo und Sven, die gerade am Schwimmen sind. Durch Winken und Rufen begrüßen sie sich. Kira und Ayse ist eher nach Sonnen zumute und sie breiten ihre Decken auf der Wiese am Ufer aus. Plötzlich kündigen Wellen und ein anschwellendes Brummen das Herannahen eines Schiffes an. Sofort geht Sven seiner Lieblingsbeschäftigung nach: Er hält auf den Rumpf des Schiffes zu und greift nach der Reling, um es zu entern. Kurz darauf steht er triumphierend an Deck, doch Kira zeigt durch ihr Kopfschütteln, was sie von diesem angeberischen Tun hält. „Welcher Affe macht denn so etwas!??“, murrt sie. Im Weiteren zeigt sie kein Interesse an dem Gehabe von Sven und widmet sich weiter der Lektüre ihrer Zeitschrift.
Doch Sven winkt Timo zu und ruft: „Komm, oder bist du ein Feigling!??“ Ayse beobachtet die beiden Jungen mit großen Augen, auch Kira blickt jetzt auf, und Timo verbringt die nächsten Sekunden mit Zögern...

Sonderfälle: Geographische Ableitungen auf -er

Hinweis für den Lehrenden:
Die Sonderfälle zur Großschreibung sollten möglichst erst dann thematisiert werden, wenn die Grundregeln verstanden und automatisiert sind. Bei Schülern mit größeren Schwierigkeiten könnten die vielen Sonderregeln sonst leicht zu Verwirrung und Überforderung führen.
Leider lassen sich aber die Extras auf Dauer nicht völlig ignorieren, so dass sie irgendwann angesprochen werden müssen. Den geeigneten Zeitpunkt dafür kann nur die begleitende Lehrperson herausfinden.

Die vorliegende Übung ist noch relativ überschaubar: Immer wenn es sich um eine geographische Ableitung mit der Endung -er handelt, wird diese großgeschrieben.

Aufgabe 1: Ordne die Begriffe einander zu und schreibe sie auf.

der Berliner Bär (seit 1280 das Wappentier Berlins)

der Schwarzwälder Schinken (geräucherter Rohschinken, der im Schwarzwald hergestellt wird)

der Wiener Walzer (ein klassischer Tanz)

das Münchner Hofbräuhaus (weithin bekanntes Bierhaus)

die Bremer Stadtmusikanten (Märchenfiguren)

das Lübecker Marzipan (aus mindestens 70 % Marzipanrohmasse, höchstens 30 % Zucker)

die Nürnberger Rostbratwürstchen (Brühwurst aus Schweinefleisch mit Majoran von 7 bis 9 cm Länge)

die Rügener Kreidefelsen (Felsen auf der Insel Rügen)

die Lüneburger Heide (Heidelandschaft)

die Münsteraner Rechtschreibanalyse (der Rechtschreibtest)

P.S.:
Kieler Sprotten sind kleine Fische, die Frankfurter Rundschau ist eine Tageszeitung und Leipziger Allerlei ein Gemüsegericht.

Sonderfälle: Mehrteilige Eigennamen

Hinweis für den Lehrenden:
Die korrekte Großschreibung von mehrteiligen Eigennamen stellt schon die hohe Kunst der Rechtschreibung dar. Auch versierte Schriftkundige kommen hier ab und an ins Zweifeln. Der Perfektionsanspruch sollte also nicht allzu hoch gehängt werden und der Griff zum Wörterbuch in verzwickten Fällen erlaubt sein. Außerdem ist es wichtig, dass vor der Thematisierung solcher Spezialfälle die Grundregeln zur Großschreibung sicher beherrscht werden, um Verwirrung und Überforderung zu vermeiden.

Dass Namen großgeschrieben werden müssen, stellt an sich keine Schwierigkeit dar, wenn es sich um einfache Bezeichnungen von Personen, Orten, Ländern o.Ä. handelt, z.B.:

Franz, München, England, Asien, Ulmenstraße, Nordsee-Blatt usw.

Problematischer wird es dann, wenn es sich um *mehrteilige* Eigennamen handelt, die *nichtsubstantivische* Bestandteile enthalten, wie „Vereinigte Staaten von Amerika" oder „Unter den Linden".
Die Regel im *Duden* lautet dazu:

„In mehrteiligen Eigennamen mit nichtsubstantivischen Bestandteilen schreibt man das erste Wort und alle weiteren Wörter außer Artikeln, Präpositionen und Konjunktionen groß." (24. Auflage)

Für die Schüler haben wir den Merksatz etwas anders formuliert.

Aufgabe 3: Versuche jetzt die fehlenden Wörter in diesem Merksatz zu ergänzen:

Merksatz:
In mehrteiligen Eigennamen werden neben den Substantiven alle Adjektive (hier: „wild", „heilig", „nahe") und Partizipien (hier: „gelobt" von „loben") großgeschrieben.

Aufgabe 4: Denke an den Merksatz und bearbeite die folgenden Sätze.
- Unterstreiche die Eigennamen
  (Wenn du nicht weißt, was gemeint ist, schlage im Lexikon nach oder suche die Antwort im Internet.)
- Verbessere anschließend die großzuschreibenden Wörter.

Italien hat noch viel mehr zu bieten, als den **S**chiefen **T**urm (der Schiefe Turm von Pisa) und die **E**wige **S**tadt (Rom).

1977 schickten die **V**ereinigten **S**taaten (von Amerika: USA) die **S**onde **V**oyager auf eine **R**eise an den **R**and der **G**alaxis.

Manchmal steht der **R**ote **P**lanet (Mars) im **G**roßen **W**agen (Sternbild).

Weißt du, wie weit das **S**chwarze **M**eer und das **T**ote **M**eer voneinander entfernt sind? (ca. 900 km)

Der **D**reißigjährige **K**rieg endete 1648 mit dem **W**estfälischen **F**rieden.

Das **K**ap der **G**uten **H**offnung ist nicht der südlichste **P**unkt **A**frikas.

Achtung! Auch Zahlwörter in mehrteiligen Eigennamen werden großgeschrieben:

Der **Z**weite **W**eltkrieg hat in **E**uropa **S**puren hinterlassen, die bis heute sichtbar sind.

Das **Z**weite **D**eutsche **F**ernsehen sendet alarmierende **N**euigkeiten über die **N**ahrungsknappheit in der **D**ritten **W**elt.

Sonderfälle: Mehrteilige Straßennamen

Hinweis für den Lehrenden:
Auch für die „Straßennamen“ gilt, dass vor ihrer Thematisierung zuerst die Grundregeln der Großschreibung beherrscht werden müssen.

Zur weiteren Vertiefung kann die Hausaufgabe gegeben werden, dass die Schüler aus dem Telefonbuch oder aus dem Postleitzahlenbuch je 10 mehrteilige Straßennamen heraussuchen und aufschreiben. In der nächsten Stunde diktiert jeder zwei oder drei davon seinen Mitschülern und schreibt sie selbst auf die umgeklappte Tafel. Gemeinsam wird kontrolliert und anhand des Merksatzes die Schreibungen besprochen.
Der schwierigste oder abstruseste Straßenname könnte prämiert werden.

Aufgabe 1: Für Straßennamen gelten besondere Regeln.
- Betrachte die Namen und versuche die fehlenden Wörter der Merksätze zu ergänzen!

- Lange Gasse
- An den Mühlen

Das **erste** Wort eines Straßennamens wird großgeschrieben.

- An den Vier Linden
- Am Alten Schlachthof

Großgeschrieben werden neben den Substantiven auch alle **Zahlwörter** und **Adjektive** die in dem Straßennamen vorkommen.

- Salzburger Straße
- Ulmer Straße

Straßennamen auf -er werden **getrennt** geschrieben.

- Kurt-Tucholsky-Platz
- Von-Steuben-Straße

Bei Personennamen werden die Einzelwörter mit **Bindestrichen** abgetrennt.

Aufgabe 2: Schau dir die Lösung zur ersten Aufgabe an. Alles verstanden?
- Dann finde und unterstreiche im folgenden Text alle Straßennamen.
- Verbessere danach die Großschreibung und ergänze auch fehlende Bindestriche.

Weil die Busfahrer heute streiken, mach Lars sich mit seinem Fahrrad auf den Weg, um Kira zu besuchen. Die Albrecht-Dürer-Straße, an der er wohnt, fährt er ganz bis zum Ende und biegt dann links in den Langen Kamp ein. Jetzt geht es lange geradeaus. Die Von-Witzleben-Straße und den Neuen Markt überquert er, um dann in die Wiener Straße einzubiegen. Als er die Straße An der Alten Ziegelei erreicht, legt er einen Stopp ein, um beim Getränkemarkt Cola zu kaufen. Jetzt ist es nicht mehr weit: Er liest auf dem Straßenschild „Am Kupferbrink“ und hat sein Ziel erreicht.

Sonderfälle zur Großschreibung:
(Feste Verbindungen aus Präposition und Adjektiv ohne Artikel)

Hinweis für den Lehrenden:

Die vorliegende Übung wird der Vollständigkeit halber angeboten, und es soll der Lehrkraft überlassen bleiben, ob sie diesen speziellen Fall der Großschreibung zum Thema machen will oder nicht. Wichtig ist vor allem, dass die Grundregeln zur Großschreibung beherrscht werden und Verwirrung vermieden wird. Zudem sollte der Griff zum Wörterbuch bei derlei Spitzfindigkeiten erlaubt sein und bleiben.

Der **erste Teil der Übung** handelt von gängigen „festen Verbindungen aus Präposition und nichtdekliniertem Adjektiv ohne vorangehenden Artikel", die großgeschrieben werden müssen, z.B.:

(die Kluft) zwischen **A**rm und **R**eich
(ein Fest) für **J**ung und **A**lt
(jenseits) von **G**ut und **B**öse

Eigentlich werden solcherart definierte feste Verbindungen **klein**geschrieben, vgl.:
von **n**ah und **f**ern
durch **d**ick und **d**ünn

Da Arm und Reich, *Jung und Alt* und *Gut und Böse* aber auch **ohne** Präpositionen **groß**geschrieben werden, gilt die Großschreibung für sie auch **mit** Präpositionen (im Gegensatz eben zu „von nah und fern").

Man kann diese festen Verbindungen *nicht* mit der satzbezogenen Großschreibung klären, da *keine* gebeugten Adjektive sinnvoll davorgestellt werden können, aber trotzdem Großschreibung gilt. Auch die wortartbezogene Sichtweise hilft nicht weiter. Insofern müssen diese festen Verbindungen auswendig gelernt werden.

Im Gegensatz dazu werden im **zweiten Teil der Übung** Lückenwörter angeboten, deren Schreibung durch die Grundregeln bzw. mithilfe der gelernten Signale für Großschreibung herausgefunden werden kann.
Es müssen also nur die besagten drei festen Verbindungen auswendig gelernt werden.

---

1. Setze die drei Wortgruppen aus dem Kasten passend in die Sätze ein.

Der Film gefiel **Jung und Alt**.
Die Kanzlerin hatte **Arm und Reich** zum Festbankett eingeladen.
Manchmal ist es nicht einfach, **Gut und Böse** zu unterscheiden.
Die Kluft zwischen **Arm und Reich** wird immer größer.
Es klappt nicht immer gut zwischen **Jung und Alt**.
Es gibt keine exakten Definitionen von **Gut und Böse.**

2. Bei diesen Formulierungen kann man die Schreibung gut herausfinden.

Sie hielten zusammen, im **G**uten wie im **B**ösen. (g/G? b/B?)	Versteckter Artikel: im → in dem
Er ist immer **g**ut zu ihr gewesen. (g/G?)	Wie? Kein gebeugtes Adjektiv davor möglich
Er war nicht mehr ganz **j**ung. (j/J?)	Wie? Kein gebeugtes Adjektiv davor möglich
Sie wollte einfach nur schnell **r**eich werden. (r/R?)	Wie? Kein gebeugtes Adjektiv davor möglich
Die Ampel schaltete zu schnell auf **R**ot. (r/R?)	Präp. und gebeugtes Adjektiv einsetzen: dunkles
Kai läuft **r**ot an. (r/R)	Wie? Kein gebeugtes Adjektiv davor möglich
Das Kleid gibt es nur in **G**rün. (g/G?)	Präp. und gebeugtes Adjektiv einsetzen: hellem
Seine Gesichtsfarbe wechselte von **G**rün zu **G**elb. (g/G?)	Präp. und gebeugte Adjektive einsetzen: hellem
Sein Gesicht wurde **g**rün. (g/G?)	Wie? Kein gebeugtes Adjektiv davor möglich
Mit **E**nglisch kann man sich überall verständigen. (e/E?)	Präp. und gebeugtes Adjektiv einsetzen: gutem
Der Brief war in **F**ranzösisch abgefasst. (f/F?)	Präp. und gebeugtes Adjektiv einsetzen: perfektem
Ihr **I**talienisch war fast akzentfrei. (i/I)	Präp. und gebeugtes Adjektiv einsetzen: perfektes
Sie redete **d**eutsch mit ihm. (d/D?)	„*Wie*" redete sie mit ihm? deutsch

Sonderfälle: Wiederholung

Hinweis für den Lehrenden:
Die Bearbeitung dieser Übung macht nur Sinn, wenn die Sonderfälle zur Großschreibung durchgenommen wurden und bereits gesichert sind. Fehler sollten besprochen werden, damit eventuelle Verständnislücken geschlossen werden können. Gegebenenfalls muss der Schüler die entsprechenden Übungen noch einmal wiederholen.

---

1. **Unterstreiche in diesem Text alle Eigennamen, Straßennamen und geographischen Ableitungen auf -er.**
2. **Verbessere im Text *alle* Wörter, die großgeschrieben werden müssen.**
3. **Bei einem Straßennamen musst du auch die Bindestriche einsetzen.**
4. **Kontrolliere anhand des Lösungsblattes, ob du alles richtig hast.**

Mülltaucher

Es ist ein kalter **T**ag im **W**inter. Kira zieht ihren **S**chal fester, während sie den **N**euen **D**amm (*Straßenname*) überquert, um in die **C**lara-**R**atzka-**S**traße (*Straßenname*) einzubiegen. Sie ist auf dem **W**eg zum **S**upermarkt. Als sie den **H**interhof des **L**adens erreicht, bemerkt sie zwei **V**ermummte, die in den **M**üllcontainern wühlen. Mit einem **K**opfschütteln geht sie weiter, betritt den „**K**auf **G**ünstig“ (*Eigenname*) und packt drei **D**osen **W**iener **W**ürstchen (*geographische Ableitung auf -er*), einige **Z**wiebeln und die leckeren **S**ilberstedter **K**artoffeln (*geographische Ableitung auf -er*) in den **K**orb – dazu ein **P**fund **R**ote **B**eete (*Eigenname*). Im **V**orbeigehen zieht sie eine **T**üte **M**ilch aus dem **R**egal, stellt fest, dass die schon in drei **T**agen abläuft, und tauscht sie deshalb gegen die hinterste **T**üte aus.
Auf dem **R**ückweg geht sie über die **V**ordere **S**teingasse (*Straßenname*), da sie am **K**iosk noch die **N**eue **P**ost (*Eigenname*), die **W**ittendorfer **L**okalzeitung (*geographische Ableitung auf -er*), kaufen will. „**W**elchen **U**nfug treiben die denn?“, fragt sie sich, als sie erneut die zwei vermummten **G**estalten beim **W**ühlen im **C**ontainer erblickt. „Hey, was macht ihr da?“, fragt sie. „Wir sind **M**ülltaucher“, kommt die Antwort zurück. „Wir suchen nach **L**ebensmitteln, die der **S**upermarkt einfach wegschmeißt, obwohl man sie noch gut essen kann.“ Kira weiß nicht so recht, was sie damit anfangen soll. Zuhause recherchiert sie im **I**nternet...

5. **Im Text werden drei Verben großgeschrieben.**

- Finde sie, kreise sie ein und erkläre, warum du sie großschreiben musst.

Mit einem Kopfschütteln
Hinweise: Präposition „mit“; unbestimmter Artikel „einem“; gebeugtes Adjektiv davor denken: Mit einem *verwunderten* Kopfschütteln

Im Vorbeigehen
Hinweise: Präposition „im“ bzw. Verschmelzung aus „in“ plus Artikel; gebeugtes Adjektiv davor denken: Im *schnellen* Vorbeigehen

Beim Wühlen
Hinweise: Präposition „beim“ bzw. Verschmelzung aus „in“ plus Artikel; gebeugtes Adjektiv davor denken: Beim *heftigen* Wühlen

Kira findet heraus, dass die Supermärkte sehr viel Essen einfach wegwerfen. Das Datum auf der Milch ist gar kein Verfallsdatum, wie sie dachte, sondern ein Mindesthaltbarkeitsdatum. Bis zu diesem Tag gibt der Hersteller eine Garantie auf die Qualität des Produkts. Das heißt aber nicht, dass es darüber hinaus nicht mehr genießbar ist. Viele Kunden bevorzugen Lebensmittel, die noch lange haltbar sind und fördern damit ein solches Verhalten des Supermarktes. Wenn sie nur noch das Obst nehmen, das äußerlich perfekt ist, muss viel Obst weggeschmissen werden. Manchmal werden Lebensmittel, beispielsweise Aprikosen, auch von den Produzenten vernichtet, wenn es zu viele davon gibt. Damit halten sie den Preis hoch und erreichen einen größeren Profit. Mit dem Essen, das aus solchen Gründen vernichtet wird, könnten viele hungernde Menschen der Welt ernährt werden. „Mülltaucher“, wie die beiden Jungen vom Supermarktcontainer, versuchen sich gegen diese Art des Umgangs mit Lebensmitteln zu wehren. Dabei bewegen sie sich allerdings jenseits des Gesetzes: Da der Müll in Deutschland demjenigen gehört, der ihn weggeworfen hat, begehen sie Diebstahl. Ihr Verhalten ist ein Protest und soll Mitmenschen wachrütteln.

Sonderfälle: Adverbien (Problemerkennung und Lösung)

Hinweis für den Lehrenden:
Diese Übung bitte nur anbieten, wenn Adverbien (Umstandswörter) aufgrund ihrer Stellung im Satz (rechter Rand eines Satzgliedes) vom Schüler fälschlicherweise großgeschrieben werden.
Adverbien bilden beim syntaxbezogenen Ansatz der Großschreibung ein besonderes Kapitel, da sie keinen festen Platz im Satz innehaben und als rechte Ränder eines Satzgliedes auftauchen bzw. selbst ein ganzes Satzglied bilden können. Zudem sind sie näher beschreibbar, so dass man irrtümlich schlussfolgern könnte, in dem Satz

Der eifrige Langstreckenläufer
trainiert
sehr **gern**
am frühen Morgen.

müsste „gern" großgeschrieben werden.
Dies ist natürlich nicht der Fall, denn das Adverb „gern" wird mit einem weiteren Adverb („sehr") erweitert und Adverbien können *nicht gebeugt* werden. Demnach sind nicht alle Bedingungen für die syntaxbezogene Großschreibung erfüllt, wonach ein Wort nur dann großgeschrieben wird, wenn es durch ein *gebeugtes* Adjektiv oder Partizip erweiterbar ist.

Wichtig ist also die Erkenntnis, dass Adverbien immer ungebeugt (unflektiert) sind, so dass der Kern eines Satzgliedes, der mit einem Adverb erweitert wird, *nicht* großzuschreiben ist.

Aufgabe 1: Zerlegt diesen Satz in das Prädikat und die einzelnen Satzglieder.

Ein lautes Hämmern weckt den übernächtigten Lars aus seinem tiefen Schlummer.

Ein lautes Hämmern
weckt
den übernächtigten Lars
aus seinem tiefen Schlummer.

Der rechte Rand der Satzglieder wird großgeschrieben. ✓
Die großgeschriebenen Wörter können mit gebeugten Adjektiven („lautes", „tiefen") oder Partizipien („übernächtigten") erweitert werden. ✓

Aufgabe 2: Zerlegt nun diesen Satz. Fällt euch etwas auf?

Der eifrige Langstreckenläufer trainiert sehr gern am frühen Morgen.

Der eifrige Langstreckenläufer
trainiert
sehr gern
am frühen Morgen.

Auffallen soll, dass „gern" *nicht* großgeschrieben wird, obwohl es am rechten Rand eines Satzgliedes steht und nach links durch „sehr" erweitert wird.

Aufgabe 3: Schaut nun in die Lösung. Habt ihr alles richtig?
- Überlegt, warum „gern" **klein**geschrieben werden muss, obwohl es mit „sehr" näher beschrieben ist und am Ende eines Satzgliedes steht.

Antwort (die Formulierung darf natürlich variieren):
Die Bedingungen des Merksatzes werden nicht alle erfüllt, denn darin heißt es, dass ein Wort nur dann großzuschreiben ist, wenn es am rechten Rand eines Satzgliedes steht und durch ein ***gebeugtes*** Adjektiv oder Partizip erweiterbar ist.
Das Wort „gern" steht zwar am rechten Rand eines Satzgliedes, aber das Wort, mit dem es erweitert wird, ist ***nicht*** gebeugt: sehr = Grundform. Also folgt: Kleinschreibung!

Sonderfälle: Adverbial gebrauchte Adjektive u. Partizipien

Hinweis für den Lehrenden:
Die Fortführung des Themas der vorhergehenden Übung („Adverbien“) ist die Behandlung adverbial gebrauchter Adjektive und Partizipien. Diese sollen zunächst nur *erkannt* werden, was hier noch dadurch erleichtert wird, dass sie bereits mit ungebeugten Adverbien bzw. Adjektiven erweitert sind.

Aufgabe 1: Zerlege die folgenden Sätze in Prädikat und Satzglieder.
- Umkreise die adverbial gebrauchten Adjektive und Partizipien mit ihrer Erweiterung.

Der verschlafene Skater steigt ganz langsam in seine weiten Hosen.

Der verschlafene Skater
steigt
ganz langsam
in seine weiten Hosen.

Der bärtige Lehrer erläutert furchtbar langweilig die Geschichte der böhmischen Dörfer.

Der bärtige Lehrer
erläutert
furchtbar langweilig
die Geschichte der böhmischen Dörfer.

Höchst geschmeichelt verbeugt sich der eitle Popstar vor seinem Publikum.

Höchst geschmeichelt
verbeugt sich
der eitle Popstar
vor seinem Publikum.

Ihr dummer Streit beschäftigt die Freunde eine ganze Woche außerordentlich heftig.

Ihr dummer Streit
beschäftigt
die Freunde
eine ganze Woche
außerordentlich heftig.

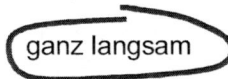

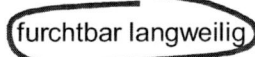

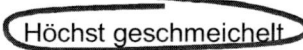

Sonderfälle: Adverbial gebrauchte Adjektive u. Partizipien 2

Hinweis für den Lehrenden:

Die Schwierigkeitssteigerung zur vorhergehenden Übung besteht darin, dass alle Wörter kleingeschrieben sind und somit das visuelle Unterscheidungsmerkmal zwischen dem adverbial gebrauchten Adjektiv und den Substantiven wegfällt.
Zudem fehlt in Aufgabe 2 auch noch die adverbiale Erweiterung.

Wiederholung: Ein Adverb (Umstandswort) kann ein Verb, ein Partizip, ein Adjektiv, ein anderes Adverb oder einen ganzen Satz näher beschreiben.
Formales Erkennungsmerkmal: Ein Adverb kann nicht gebeugt werden und steht im Unterschied zu Adjektiven normalerweise nicht als Attribut zwischen Artikel und Substantiv.

Nur wenige Adverbien lassen sich steigern und damit doch flektieren (beugen):
bald – eher – am ehesten
wohl – wohler – am wohlsten
gern – lieber – am liebsten
oft – öfter – am häufigsten

Aufgabe 1: Zerlege den Satz:

- Unterstreiche das *Verb* und trenne die Satzglieder mit Schrägstrichen voneinander ab.
- Umkreise das adverbial gebrauchte Adjektiv oder Partizip mit seiner Erweiterung.
- Verbessere anschließend den ganzen Satz in die korrekte Großschreibung.

Der schlaue **J**ens kapiert sehr schnell die komplizierten **R**egeln des neuen **K**artenspiels.

Die aufgehende **S**onne scheint schrecklich hell durch das kleine **F**enster.

Total hinterlistig betrügt der durchtriebene **S**ven seine neue **F**reundin.

In feuchtwarmem **K**lima gedeiht **R**eis besonders gut.

Aufgabe 2. Hier sind die adverbial gebrauchten Adjektive *nicht* erweitert.

- Verfahre ansonsten wie bei Aufgabe 1.

Nach dem **S**chlafen erhebt sich der **G**roßvater schwerfällig aus dem **S**essel.

Mitten in der **N**acht hört **P**eter begeistert laute **R**ockmusik.

Der **E**lefant trabt trompetend zum nächsten **W**asserloch.

Beim **T**elefonieren bemalte sich **I**sa sorgfältig die **Z**ehennägel mit grellem **R**ot.

Während des **G**ewitters blies der **W**ind heftig.

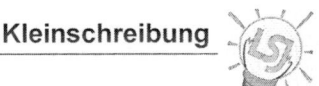

Sonderfälle: Pronomen und Satzadverbien (Einführung)

Hinweis für den Lehrenden:
„Stellvertreter", also *Satzadverbien* wie „vorhin" oder „bald" und *Pronomen* wie „ihn" und „sie" werden kleingeschrieben, da sie zwar eigenständige Satzglieder bilden können, aber nicht erweiterbar sind. Wenn diesbezüglich keine Schwierigkeiten auftauchen, liegt es im Ermessen der begleitenden Person, ob die Übung trotzdem absolviert werden soll. Zumindest würde hier noch einmal klar, dass *zwei* Kriterien erfüllt sein müssen, um ein Wort großzuschreiben: Es muss am rechten Rand eines Satzgliedes stehen UND nach links durch gebeugte Adjektive/Partizipien erweiterbar sein.

Vorsicht aber bei *erweiterbaren* Pronomen, die *keine* Stellvertreterfunktion einnehmen:
Er bot ihr das vertraute Du an.

Aufgabe 1: Schau dir diese Sätze an und unterteile sie in Satzglieder.
- Achte vor allem beim dritten Satz darauf, dass du wirklich alle Satzglieder entdeckst.
- Wende im Zweifelsfall die Umstellprobe an!

Am späten Abend ging Kira zu Lars.

Am späten Abend
ging
Kira
zu Lars.

Lars schrieb seine Bewerbung für das Praktikum.

Lars
schrieb
seine Bewerbung
für das Praktikum.

Eifrig half sie ihm dabei.

Eifrig
half
sie
ihm
dabei.

Aufgabe 2: Schreibe deine Beobachtungen hier auf:

Richtige Antwort:
sie, *ihm* und *dabei* stellen eigene Satzglieder dar, werden aber trotzdem kleingeschrieben.

Der Grund:
sie, *ihm* und *dabei* sind sogenannte „Stellvertreter":
sie steht für „Kira";
ihm steht für „Lars";
dabei steht für „bei der Bewerbung".
Stellvertreter sind vollständige Satzglieder, werden aber **immer kleingeschrieben**.
Versuche einmal, ein gebeugtes Adjektiv davorzustellen. Du wirst merken, dass das nicht klappt, ohne den Sinn des Satzes zu verfälschen.

Sonderfälle: Pronomen und Satzadverbien (Üben)

Hinweise für den Lehrenden:
Die Übung hat noch einmal Pronomen und Satzadverbien zum Gegenstand und ist zur Vertiefung gedacht.

Denke auch hier an die Grundregel zur Großschreibung:

Großgeschrieben werden Wörter,
die am rechten Rand eines Satzgliedes stehen und die durch ***gebeugte*** Adjektive erweiterbar sind.

Die „Stellvertreter“ sind zwar selbstständige Satzglieder, können aber *nicht* durch gebeugte Adjektive erweitert werden. Daraus folgt: Sie müssen *nicht* großgeschrieben werden.

Lösungen:

ihr, er (3x), es, oben, hinterher, draußen, danach,
hinaus, gestern, weit, sie (3x), dort

Lars gab seiner Freundin vor der Tür einen Kuss.

Er gab ihr draußen einen Kuss.

Am Vortag hatte Sven keine Aufgabe richtig gelöst.

Gestern hatte er keine Aufgabe richtig gelöst.

Ayse hatte nach dem Essen heftige Bauchschmerzen.

Sie hatte danach heftige Bauchschmerzen.

Svens Vater und sein Freund wankten nach drei Stunden aus der Kneipe.

Sie wankten hinterher hinaus.

Am alten Bahnhof fand Timo sein verlorenes Handy.

Dort fand er es.

Im oberen Stockwerk konnte Katja bis zum Horizont blicken.

Oben konnte sie weit blicken.

Sonderfälle: Weitere „Stellvertreter“

Setze die fett gedruckten Stellvertreter in ihrer passenden Form ein.

Mögliche Lösungen:

Hat denn **jeder** von euch seine Hausaufgaben gemacht?

Schon so **mancher** hat sich in einer fremden Großstadt verirrt.

Wenn **einer** eine Reise tut, so kann er was erzählen.

Kai und Klaus kamen zu spät in die Schule. Sie hatten **beide** verschlafen.

Feiern wollten **alle**, aber **keiner** half beim Aufräumen.

Sie erzählten sich **dieses** und **jenes**, und schon war der Abend vorbei.

Das muss **jeder** selber wissen.

Glück und Gesundheit wünscht sich **jeder**. Am besten ist, wenn man **beides** hat.

Habt ihr **alles** verstanden?

Auf dem Schulkonzert waren viele Lehrer. Ich kannte **jeden** von ihnen.

Zum Geburtstag bekam sie viele Blumen geschenkt. Leider verwelkten **manche** schnell.

Wenn etwas schiefgelaufen ist, will es immer **keiner** gewesen sein.

Ich habe zwei Äpfel gekauft. Möchtest du **einen** davon haben?

Es gab Fisch und Fleisch. Jonas nahm sich von **beidem** reichlich.

Von den vielen Träumen in der Nacht vergaß er **manche** sofort wieder.

Sonderfälle: Zahladjektive

Hinweis für den Lehrenden:

Nach der Neuregelung der deutschen Rechtschreibung könnten bestimmte Zahladjektive, wenn sie als Substantive aufgefasst werden, auch großgeschrieben werden: „das Wenige", „die Einen und die Anderen", „die Vielen" usw.

Da aber normalerweise kleingeschrieben wird (viele sagen, ein wenig usw.) halten wir hier das Einprägen der durchgängigen Kleinschreibung für weniger verwirrend und deshalb für sinnvoller. (Die Fälle, bei denen neuerdings beides erlaubt ist, also Groß- UND Kleinschreibung, sind kaum noch im Gedächtnis zu behalten und verunsichern selbst gute Rechtschreiber.)

Ergänze die Sätze mit passenden Zahladjektiven.
Nimm die Beispiele oben als Grundwörter und verwende auch ihre Ableitungen.

Mögliche Lösung:

Die **einen** kommen, die **anderen** gehen.

Nach dem Erdbeben war nur noch **weniges** zu gebrauchen.

Die Mathearbeit ist gut ausgefallen. Die **meisten** haben eine Zwei.

Das **wenige**, was ihm gehörte, passte in eine kleine Kiste.

Wenn du diesen Federballschläger willst, nehme ich eben den **anderen**.

Er hat in seinem Leben schon **viel** gesehen.

Zwei Mädchen saßen im Kino vor ihm. Das **eine** gefiel ihm sehr gut.

Einige sind schon da. Die **anderen** kommen später.

Auf der Party wurde unter **anderem** auch über den neuen Film geredet.

Dass sie die Wahrheit spricht, können dir auch **andere** bestätigen.

Ich möchte meinen Dank an die **vielen** aussprechen, die mitgeholfen haben.

Sonderfälle: Rückbezügliche Adjektive

Hinweis für den Lehrenden:

Auch dieser Sonderfall sollte nur dann thematisiert werden, wenn die Grundregeln zur Großschreibung bereits gesichert sind: Adjektive, Partizipien und Pronomen werden, auch wenn sie formale Merkmale einer Substantivierung aufweisen, *klein*geschrieben, wenn sie sich auf ein *vorhergehendes* oder *nachstehendes Substantiv* beziehen.

Zur Vertiefung dieser Regel können vor der Bearbeitung der zweiten Aufgabe mehrere Sätze gebildet werden. Sie sollten sich auf vorhergehende und nachstehende Substantive beziehen.

Aufgabe 1: Lies die folgenden beiden Sätze.

- Warum wird „jüngste“ hier kleingeschrieben? Schreibe deine Vermutung auf.

Ayse hat drei Brüder. Der jüngste wird bald neun.
Sonja war die jüngste meiner fünf Schwestern.

Lösung:

Obwohl „der jüngste“ mit Artikel steht, wird das Adjektiv hier kleingeschrieben. Warum?
Antwort: „der jüngste“ bezieht sich auf „Brüder“ im vorhergehenden Satz; „die jüngste“ bezieht sich auf „Schwestern“ im selben Satz.

Aufgabe 2: Lies jetzt die Lösung zu Aufgabe 1.

- Entscheide dann: In welchem der folgenden beiden Sätze steht ein rückbezügliches Adjektiv?
- Unterstreiche es und auch das Substantiv, auf das es sich bezieht.

Unsere Älteste heißt Carola.

Diese Übung ist für alle **Schüler**, besonders für die **älteren**.

Aufgabe 3: Was musst du bei den Lückenwörtern einsetzen?

Der Planet Saturn hat mehr als 60 Monde, der **g**rößte heißt Titan. (g/G?)

Der **L**ange dort drüben schaut zu uns herüber. (l/L?)

Paul ist der **f**leißigste der Schüler. (f/F?)

Monika ist die **S**tillste in der Klasse. (s/S?)

Claudio lief als **E**rster ins Ziel, Sven als **L**etzter. (e/E? l/L?)

Im Diktat hat Martin eine **F**ünf geschrieben. (f/F?)

Die Meiers haben vier Kinder, **z**wei arbeiten schon. (z/Z?)

Lars hat drei Hosen, die **w**eite trägt er fast immer. (w/W?)

Sie hatte Sehnsucht und wollte die **I**hren in der alten Heimat besuchen. (i/I?)

Dieses Lied ist für alle Menschen geschrieben, für die **j**ungen und die **a**lten. (j/J? a/A?)

Bettina steht eher auf **S**üßes als auf **S**alziges. (s/S? s/S?)

Sie ist die **t**reuste und **l**iebevollste meiner Freundinnen. (t/T? l/L?)

Sonderfälle: Adjektive im Superlativ

Hinweis für den Lehrenden
Diese Übung ist optional und sollte nur dann bearbeitet werden, wenn tatsächlich Schwierigkeiten mit dem Superlativ von Adjektiven bestehen. Die einfachste Hilfestellung für die Kleinschreibung ist, dass das „am" in diesem Fall nicht in „an dem" aufgelöst werden kann und somit kein Artikel in der Präposition versteckt ist.

Die Regel lautet:
Superlative mit „am" schreibt man klein. Sie gehören zur regulären Beugung des Adjektivs: am besten, am schnellsten, am größten. Nach den Superlativen kann mit „wie?" gefragt werden:

Wie schmeckt dieser Saft? → Dieser Saft schmeckt am süßesten.

Achtung: Bei Superlativen, nach denen man mit „Woran?" fragt, ist „am" auflösbar. Sie werden deshalb großgeschrieben:

Woran fehlt es ihm? → Es fehlt ihm am (an dem) Nötigsten.

Setze im Superlativ ein!

schnell, groß, lieb, lecker, heiß, ~~still~~, lang, langweilig, laut, hübsch, lustig, wichtig

Von allen Mädchen in der Klasse war Ayse *am stillsten*.

Von allen Fächern findet Sven Deutsch am langweiligsten.

Kira rannte bei den Bundesjugendspielen am schnellsten.

Am liebsten mag Kira Erdbeereis.

Von allen Bands waren „Maschinenkopf" am lautesten.

Ayse schwimmt von allen am längsten.

Die Spaghetti mit Bolognese sind am leckersten.

Von allen Sommertagen ist dieser am heißesten.

Am lustigsten sind die Witze von Christian.

Kerstin ist hübsch. Tanja ist hübscher. Suse ist am hübschesten.

Was findest du am wichtigsten: Geld, Liebe oder Gesundheit?

Welches Land ist am größten: Belgien, England, Algerien? (Algerien)

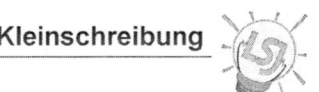

Sonderfälle: Adjektivische Ableitungen auf -isch

Hinweis für den Lehrenden:
Wenn die Übung mit den geographischen Eigennamen auf -er durchgenommen wurde, sollte in einem gewissen Abstand auch die Regel für die Eigennamen auf -isch folgen. Sie lautet:

Adjektivische Ableitungen von Eigennamen auf -(i)sch werden kleingeschrieben, außer wenn die Grundform eines Personennamens durch einen Apostroph verdeutlicht wird.

Beispiele:
englischer Nebel
französischer Käse
die schillerschen Gedichte (aber: die Schiller'schen Gedichte)

Wir beschränken uns hier auf *geographische* Eigennamen, da die anderen Fälle recht selten vorkommen.

Weißt du, was eine „**spanische Wand**" ist?
Das ist eine zusammenlegbare Wand zum Schutz gegen Wind oder in Räumen als auch Sichtschutz gebraucht. Sie besteht üblicherweise aus drei mit Scharnieren verbundenen Rahmen, die mit Stoff überzogen sind oder auch aus Holz bestehen können. Man nennt die spanische Wand auch *Wandschirm* oder *Paravent*.

Weißt du, was „**schwedische Gardinen**" sind?
So nennt man – vor allem in der Gaunersprache – die Gitter von Gefängnisfenstern, da diese früher oft aus dem als besonders stabil geltenden schwedischen Stahl gefertigt wurden. So sitzt der Gefangene also hinter „schwedischen Gardinen".

1: Bilde die Formen mit -isch.

Frankreich:	das	**französische**	Baguette
Bayern:	das	**bayerische**	Bier (auch: bayrisch)
Finnland:	die	**finnische**	Sauna
Belgien:	die	**belgischen**	Pralinen
Franken:	die	**fränkischen**	Rostbratwürste
Europa:	die	**europäische**	Union
Schottland:	der	**schottische**	Whisky

2. Bilde die Ableitungen auf -isch und setze sie an den passenden Stellen ein.

Arabien, Italien, Schweden, Japan, Türkei, Russland, Griechenland, Indien

Sven hat **russische** Vorfahren. Er geht gern **italienisch** essen und trinkt am liebsten **indischen** Tee. In seinem Zimmer hat er **schwedische** Möbel und in der Garage seiner Eltern steht ein **japanisches** Auto. Sven rechnet mit **arabischen** Ziffern und die Demokratie, in der er lebt, ist **griechischen** Ursprungs. Aber seine **türkischen** Nachbarn bezeichnet er als Ausländer. Da kann Kira nur mit dem Kopf schütteln...

Sonderfälle: Feste Verbindungen
(Präposition und nichtdekliniertes Adjektiv ohne Artikel)

Hinweis für den Lehrenden:
Diese Übung wird der Vollständigkeit halber angeboten und ist als *optionale Ergänzung* gedacht. Es liegt im Ermessen der Begleitperson, ob es für den betroffenen Schüler sinnvoll ist, mit diesem Sonderfall zur Kleinschreibung konfrontiert zu werden.

a) „**Feste Verbindungen aus Präposition und nichtdekliniertem Adjektiv ohne Artikel**" sind ein extra Punkt in den amtlichen Regelungen für Adjektive, die formale Merkmale der Substantivierung aufweisen und trotzdem **klein**geschrieben werden, z.B.:

von nah und fern; schwarz auf weiß

Die sehr sperrige Definition dieser Wortgruppen ist nicht nur für Schüler schwer zu merken. Mit der satzbezogenen Erklärung der Großschreibung ist die Schreibung aber zu knacken, da eine Bedingung nicht erfüllt wird: Vor diese Adjektive kann **kein gebeugtes Adjektiv** gestellt werden, deshalb ist nur Kleinschreibung möglich.

b) Dann gibt es noch „**Verbindungen aus Präposition und dekliniertem Adjektiv ohne Artikel**", bei denen sowohl Klein- als auch Großschreibung erlaubt ist:

von **n**euem/von **N**euem; von **w**eitem/von **W**eitem; bis auf **w**eiteres/**W**eiteres usw.

Da beide Schreibungen zulässig sind, werden wir hierzu keine extra Übung anbieten.

c) Problematisch wird es bei den Substantivierungen, die auch ohne Präposition üblich sind. Sie werden auch **mit** Präposition **groß**geschrieben:

Der Film gefiel **J**ung und **A**lt. → Der Film war etwas für **J**ung und **A**lt. (aber: von nah und fern!)

Zu dem Fest kamen **A**rm und **R**eich. → Die Schere zwischen **A**rm und **R**eich klafft weit auseinander.

Die Großschreibung in diesen Fällen kann nicht durch die satzbezogene Sichtweise erkannt werden, da auch hier kein gebeugtes Adjektiv vor der Substantivierung möglich hist. Diese Fälle werden bei den Sonderfällen zur Großschreibung thematisiert und müssen auswendig gelernt werden.

Aufgabe 1: Setze die folgenden „festen Verbindungen" passend ein.
Aufgabe 2: Unterstreiche die Präpositionen rot und die Adjektive grün.

von nah und fern   durch dick und dünn   grau in grau   in bar

von klein auf   über kurz oder lang   von fern   schwarz auf weiß

Kaum saßen wir im Boot, war **von fern** ein dumpfes Poltern und Grollen zu hören.
Zum Oktoberfest in München strömen die Menschen **von nah und fern** zusammen.
Kai und Jens sind befreundet und immer zusammen **durch dick und dünn** gegangen.
Im Herbst fallen die Blätter, es wird kalt und windig, alles ist **grau in grau**.
Da steht es **schwarz auf weiß**: Wir haben die Rechnung bereits bezahlt!
Der Betrag ist **in bar** zu entrichten.
Ich bin sicher, dass sich die Sache **über kurz oder lang** klären wird.
Luise hat sich **von klein auf** mit Sternbildern beschäftigt.

Aufgabe 3: Begründe die Kleinschreibung mit der Grundregel, die du gelernt hast.
Für die Großschreibung eines Wortes im Satz müssen zwei Bedingungen erfüllt sein:

1. Das Wort steht am **rechten** Rand eines Satzgliedes.
2. Das Wort ist nach links durch **gebeugte Adjektive** mit den Endungen -**e**, -**en**, -**em**, -**es** und -**er** erweiterbar.

Die Adjektive in den obigen festen Verbindungen stellen zwar eigene Satzglieder dar, sind aber nicht durch gebeugte Adjektive erweiterbar. Insofern ist die zweite Bedingung nicht erfüllt und es muss kleingeschrieben werden.

Sonderfälle: Wiederholung (Text)

Hinweis für den Lehrenden:
Die Übung ist nur dann sinnvoll, wenn die Sonderfälle zur Kleinschreibung durchgenommen wurden.
Um die Aufgabe etwas einfacher zu gestalten, könnten die Regeln zu den Sonderfällen beispielsweise auf Karteikarten o.Ä. geschrieben und bei der Bearbeitung des Textes zu Hilfe genommen werden.

Der Text könnte natürlich auch als Diktat verwendet werden.

Día de los Muertos

Warst du schon einmal am 1. November in Mexiko? Die Mexikaner, die alten und die jungen, feiern dann nämlich den „Día de los Muertos", den Tag der Toten.
Auf dieses Fest bereiten sich alle sorgfältig vor, indem sie schon lange vorher einen Altar für ihre toten Verwandten, die nahen und die fernen, aufbauen. Auf diesen Altar werden die Fotos der Toten gestellt, zusammen mit Speisen, die ihnen zu Lebzeiten besonders gut geschmeckt haben. Zudem wird er liebevoll mit bunten Girlanden, Blüten und Totenköpfen aus Zucker geschmückt. In Mexiko glaubt man nämlich, dass die Verstorbenen an diesem Tag zu Besuch auf die Erde kommen...
Am befremdlichsten dürfte es für uns sein, dass die Familien am Abend des 2. Novembers hinaus auf den Friedhof ziehen, um dort an den Gräbern zu speisen, zu singen und zu feiern. Diesen Teil des Festes finden viele am schönsten.
Kennst du andere mexikanische Traditionen? Wie laufen andere Totenfeste ab, zum Beispiel das chinesische oder das amerikanische? Informiere dich am besten gleich...

Festigung der bisherigen Regeln zur Großschreibung

Hinweis für den Lehrenden:
Die wichtigsten Regeln zur Großschreibung werden hier noch einmal repetiert, bevor in der nächsten Übung ein weiteres Sonderthema, nämlich die Zeit, behandelt wird.

Hast du alles verstanden, was du bisher gelernt hast?

Aufgabe 1.
- Welches sind die drei wichtigsten Wortarten?
- Welche Wörter schreibt man üblicherweise groß? Unterstreiche.

Substantiv, Verb, Adjektiv

Aufgabe 2:
- Ordne den großgeschriebenen Wörtern die richtige Wortart zu („Sein“ kannst du ignorieren):

Sein Nicken beim Streiten über das Rot der Ampel brachte Kira auf die Palme.

Wortbeispiel	Wortart
Nicken	Verb
Streiten	Verb
Rot	Adjektiv
Ampel	Substantiv
Kira	Substantiv (Eigenname)
Palme	Substantiv

Aufgabe 3:
- Ergänze die großgeschriebenen Wörter an den markierten Stellen durch **gebeugte Adjektive** und/oder **Partizipien.**
- Unterstreiche bei den gebeugten Adjektiven und Partizipien die Endung!

Sein ständig**es** Nicken beim heftig**en** Streiten über
das grell**e** Rot der groß**en** Ampel brachte Kira auf die berühmt**e** Palme.

Aufgabe 4:
- Finde und unterstreiche alle Pronomen und Artikel, auch die versteckten.

Sein ständiges Nicken beim heftigen Streiten über
das leuchtende Rot der großen Ampel brachte Kira auf die berühmte Palme.

Aufgabe 5: Ergänze!
Wörter aller Wortarten können großgeschrieben werden. Hinweise sind z.B.,

- dass man innerhalb des Satzes gebeugte Adjektive und Partizipien davorsetzen kann,
- dass zu ihnen ein Begleiter gehört, z.B. ein Artikel oder Pronomen,
- dass Wörter wie „zum“ und „vom“ davorstehen, denn darin versteckt sich ein Artikel.

Zeitangaben erarbeiten (Seite 1)

Hinweis für den Lehrenden:

Auch für Zeitangaben gilt in den meisten Fällen, dass ihre *Funktion* im Satz bestimmt, ob sie groß- oder kleingeschrieben werden müssen. Die bereits geübten Erkennungsmerkmale können dabei gut zum Einsatz kommen, z.B. vorangestellte gebeugte Adjektive, Artikel oder „versteckte“ Artikel. Wenn man eines von diesen Merkmalen entdeckt, kann man ziemlich sicher sein, dass die Zeitangabe großgeschrieben wird.

Wenn „gestern“, „heute“, „morgen“ usw. *adverbial* gebraucht werden, muss man sie natürlich *klein*schreiben. Als Probe kann man in Gedanken versuchen, ein gebeugtes Adjektiv davorzustellen:

Sie hat heute geduscht. → Es passt kein gebeugtes Adjektiv davor, also Kleinschreibung.

Aber: Sie findet das (schöne) Heute wichtig, nicht das (unangenehme) Gestern. → Artikel ist bereits da und auch ein gebeugtes Adjektiv könnte man davorstellen, also Großschreibung.

Laut Duden werden die Bezeichnungen von Tageszeiten nach Adverbien wie „gestern“ und „heute“ neuerdings als *Substantive* angesehen und müssen deshalb großgeschrieben werden:

heute **M**orgen, gestern **N**acht usw.

Begründbar ist das nicht, deshalb muss man diese Bestimmung auswendig lernen.
Unlogischerweise wird aber sowohl „heute Früh“ als auch „heute früh“ zugelassen.

Aufgabe 2: Versuche die unterstrichenen Zeitangaben sinnvoll einzuordnen.

Gruppe I: Zeit großgeschrieben	**Gruppe II: Zeit kleingeschrieben**	**Gruppe III: gemischt**
an diesem Morgen jeden Mittag bis in den späten Abend über Nacht am Morgen	morgens heute abends	gestern Abend heute Morgen heute Nachmittag

Aufgabe 3: Begründe die Schreibungen.

Gruppe I:

an diesem Morgen: → a) Gebeugtes Pronomen weist auf Großschreibung hin.
b) Erweiterung mit gebeugtem Adjektiv möglich: an diesem schönen Morgen

jeden Mittag: → a) Gebeugtes Pronomen weist auf Großschreibung hin.
b) Erweiterung mit gebeugtem Adjektiv möglich: jeden verdammten Mittag

bis in den späten Abend: → Präposition, Artikel und gebeugtes Adjektiv weisen auf Großschreibung hin.

über Nacht: → Präposition; hier kannst du auch einen Artikel ergänzen: über **[die] N**acht.

am Morgen: → a) Hier versteckt sich der Artikel: [an **dem**] **M**orgen.
b) Erweiterung mit gebeugtem Adjektiv möglich: am frühen Morgen

Zeitangaben erarbeiten (2)

Gruppe II: morgens, abends, heute
Antwort: Dies sind Adverbien. Sie können nicht mit Artikeln oder gebeugten Adjektiven erweitert werden.

Gruppe III: Hier gibt es keine Begründung, sondern nur eine „Bestimmung". Kennst du sie?
Bestimmung: Nach Adverbien wie „gestern", „heute", „morgen" werden die Tageszeiten immer großgeschrieben: gestern Abend, heute Morgen, morgen Nacht.
Achtung: Groß- und Kleinschreibung ist zulässig bei **früh** → heute **früh** und heute **Früh!**

Aufgabe 5: Im Kasten findest du verschiedene Zeitangaben.
- Bilde mit jeder Zeitangabe einen Satz und achte dabei auf die Großschreibung!

Bitte beachte Folgendes:
Wichtig ist, die Zeitangaben *im Satzzusammenhang* zu prüfen!
In den allermeisten Fällen klappen auch hier die Umstellprobe der Satzglieder und die Erweiterungsprobe mit einem gebeugten Adjektiv oder Partizip. Isolierst du die Zeitangaben aber als Einzelwörter und wendest dann beispielsweise die Artikelprobe an, könntest du falsche Ergebnisse bekommen, denn: Man kann sich vor jedes Einzelwort einen Artikel denken und dann meinen, man müsste es großschreiben! Das hat aber mit der Funktion, die das Wort im betreffenden Satz einnimmt, nichts zu tun.
Vergleiche:
Ich habe heute gut geschlafen. → In diesem Satz passt weder ein Artikel noch ein gebeugtes Adjektiv vor „heute", obwohl man natürlich „das Heute" sagen kann und auch: „das wunderbare Heute". Aber dann müsste der Satz anders lauten, z.B.: Ich interessiere mich mehr für das (wunderbare) Heute.

Mögliche Sätze:

Der Wecker schellt am frühen **M**orgen.

Ich habe dich schon **v**orgestern gebeten, dein Zimmer aufzuräumen.

Immer **m**ittags kocht Oma eine warme Suppe.

Sollen wir **m**orgen **A**bend ins Kino gehen?

Die Bauchschmerzen begannen bereits **h**eute **M**orgen.

In der **N**acht funkeln die Sterne.

Mutter kommt erst am **A**bend von der Arbeit nach Hause.

Die Mathearbeit ist für **ü**bermorgen angesagt.

Es gibt **h**eute wieder nur Quatsch im Fernsehen.

Viele Leute haben **m**ontagmorgens immer schlechte Laune.

Um **M**itternacht ist Geisterstunde.

Am späten **N**achmittag kommt Kira zu Besuch.

Schwierige Sonderfälle: Verbindung Substantiv – Verb; Ordinalzahl

Hinweis für den Lehrenden:
Die Rechtschreibregeln dieser Übung sind Randgebiete, die optional behandelt werden können.
Vor allem die Definitionen zu den Verbindungen zwischen Substantiv und Verb sind schwammig, denn es handelt sich laut Duden um [nicht verblasste] Substantive, die in Verbindung mit dem Verb ihre Eigenständigkeit *nicht* verloren haben und deshalb *getrennt* geschrieben werden (Auto fahren usw.).

Werden diese Verbindungen als Substantive gebraucht, gilt allerdings Zusammenschreibung: „das Autofahren", „das Schlittschuhfahren" usw.

Eine weitere Schwierigkeit ist, dass „eislaufen" und „kopfstehen" zusammengeschrieben werden, weil hier das Substantiv seine Eigenständigkeit verloren hat und „verblasst" ist. Unter einem „verblassten" Substantiv können die Schüler sich aber wahrscheinlich wenig vorstellen…

Eine Eselsbrücke zu den Begriffen „Schlittschuh laufen", „Auto fahren" usw. versus „eislaufen":
Wenn man ein Objekt zu der Tätigkeit benützt, also Schlittschuhe, Rollschuhe, Autos, Fahrräder usw., dann wird dieses Objekt getrennt vom Verb geschrieben.
Bei „eislaufen" fährt man ja nicht mit dem Eis (sondern eben mit dem Schlittschuh), deshalb wird hier zusammengeschrieben und klein.

Das war knapp!

Nach dem Eisregen waren alle Straßen spiegelglatt.

Kaum ein Mensch **fuhr Auto** oder gar **Fahrrad.** Aber Katja war begeistert: Sie ging mit Ulf auf dem zugefrorenen See **Schlittschuh laufen**. An diesem Tag waren sie **die Ersten** auf dem Eis. Weil er auf Sicherheit **Wert legte**, setzte Ulf **als Erstes** seinen Helm auf. Er **hatte Angst** zu stürzen, da er noch nicht richtig bremsen konnte. Doch auf dem Eis konnte Katja ihn zu einem Wettrennen überreden. Nur knapp erreichte sie **als Erste** das Ziel, die neue Brücke. Ulf war dicht hinter ihr, hatte aber Schwierigkeiten zu bremsen und schlitterte an Katja vorbei auf einige Kinder zu, die hinter der Brücke **Schlitten fuhren**

Er versuchte alles Mögliche, um seine Geschwindigkeit zu verringern, aber nichts klappte. Schließlich ließ er sich auf den Hintern fallen, und Katja, die ihm nachgefahren war, konnte ihn gerade noch an der Anorakkapuze festhalten. Kurz vor einem Kind, das bäuchlings **Schlitten fuhr**, kam das seltsame Zweiergespann zum Stillstand. Das war gerade noch mal gut gegangen!

Sonderfälle wiederholen, Teil 1

Hinweis für den Lehrenden:
Depressionen können neben Überforderung am Arbeitsplatz noch viele andere Gründe haben. Sie treten auch bei Kindern und Jugendlichen auf. Hinweise können sein: Traurigkeit, Apathie, Lustlosigkeit, Schlafstörungen, Konzentrationsmangel, Bauch- oder Rückenschmerzen u.Ä. Bei Kindern sind nicht selten anhaltende schulische Misserfolgserlebnisse die Ursache. Diese können sich zu allgemeinen Versagensängsten und zu generellen Schulleistungsstörungen manifestieren. Daraus folgende Suizidgedanken sind keine Seltenheit.

Aufgabe 1: Unterstreiche in diesem Text alle

- Possessivpronomen (besitzanzeigende Fürwörter: mein, dein, sein, ihr),
- Demonstrativpronomen (hinweisende Fürwörter: dieser, diese, dieses, jener, jene, jenes)
- Präpositionen (Verhältniswörter: auf, über, unter, bei...)
- versteckte Artikel (im, zur...),
- unbestimmte Mengenangaben (alles, viel, wenig, nichts...)

Aufgabe 2: Verbessere die Großschreibung.

„Ich vermisse dein Lachen, mein Lieber!"
Diesen Satz denkt Ruth immer wieder, wenn sie ihren Mann sieht. Timos Vater leidet seit einem halben Jahr unter Depressionen. Morgens wacht er meistens schon um fünf Uhr auf und schafft es dann doch nicht, in Gang zu kommen. Mit Ach und Krach schleppt er sich zum Büro, wo er acht bis zehn Stunden am Stück arbeitet. Trotz steigender Umsätze entlässt seine Firma immer mehr Mitarbeiter; die verbleibenden müssen immer häufiger Überstunden machen. Selbst wenn er zuhause ist, muss Alfons auf Abruf bereitstehen. Die restliche Zeit verbringt er mit Grübeln. Von seiner Zukunft erwartet er nichts Gutes mehr. Seine Frau und seine Freunde haben ihm oft ihre Hilfe angeboten und alles Mögliche versucht, aber Alfons spricht kaum noch und niemand kann ihn so richtig erreichen.
Allmählich jedoch sieht er selbst ein, dass er nicht auf Biegen und Brechen so weitermachen.
Heute hat er sich deshalb auf Anraten eines Kollegen über die Möglichkeiten einer stationären Behandlung informiert. In einer psychiatrischen Klinik hätte er die Chance, zur Ruhe zu kommen.
Eine Behandlung mit Medikamenten und Gesprächen kann vielleicht helfen, diesen Zustand, der oft als Krankheit bezeichnet wird, zu überwinden. Auch der Kontakt zu Mitpatienten hilft manchmal, weil man sich nicht so allein fühlt.
Letztlich aber kommt es auf einen selbst an, mit seiner Situation klarzukommen und nach Lösungen zu suchen. Depressionen zu haben, wird oft als Schande empfunden, als Versagen eines Einzelnen. Aber Alfons ist einer von Unzähligen, die sich in einer ähnlichen Situation befinden.
Nach einigem Hin und Her entscheidet sich Alfons für die Behandlung. Seine Frau und sein Sohn sind erleichtert und versprechen, ihn häufig zu besuchen und sich gemeinsam mit ihm die Zukunft zu überlegen. Vielleicht findet Alfons in Bälde den Mut, etwas Neues auszuprobieren...

Sonderfälle wiederholen, Teil 2

Hinweis für den Lehrenden:
Die Bearbeitung des Textes macht nur Sinn, wenn die Sonderfälle zur Großschreibung behandelt wurden und ausreichend automatisiert werden konnten.
Natürlich kann die Übung auch als Diktat gestaltet werden. Das Hauptaugenmerk der Fehlerverbesserung und Besprechung sollte aber auf der Großschreibung liegen.
Aufgrund der Fehlerarten sollte ersichtlich werden, welche Themen der Schüler noch einmal wiederholen muss.

Aufgabe 1: Unterstreiche in diesem Text alle

- geographischen Ableitungen auf -er (Wien**er** Würstchen),
- Straßennamen (**L**ange Gasse),
- Eigennamen (Kap der **G**uten Hoffnung),
- Zeitangaben (**m**orgens, gestern **N**acht)

Else erzählt

Die Glöckchen an der Tür läuten laut, als Kira an diesem Morgen eilig den Blumenladen am Platz der Weißen Rose verlässt. Mit einem Topf unter dem Arm, aus dem ein Fleißiges Lieschen wuchert, radelt sie die Mittlere Höldergasse hinauf, bis sie ihr Ziel erreicht: Bei den Drei Eichen 7. Mit dem Zweitschlüssel öffnet sie die Tür und betritt das kleine Haus. Drinnen riecht es nach Rosen, Kölner Duftwasser und nach Essen: Else stammt aus Ostpreußen und für ihren Besuch kocht sie heute ihre weltberühmten Königsberger Klopse. Und das mit über 90! Nur den Frankfurter Kranz hat sie nicht selber gebacken. Freudig begrüßt Kira ihre Urgroßmutter und nimmt an der kleinen Essecke Platz. Elses grüne Augen strahlen, als sie das Mitbringsel erblickt – sie liebt Blumen aller Art. Nach der gemeinsamen Mahlzeit spazieren die beiden durch den Garten, und Else beginnt zu erzählen. Sie ist im vorigen Jahrhundert, in den Goldenen Zwanzigern geboren, zur Zeit der Weimarer Republik.
Ihr Mann war Funker auf einem Marineschiff gewesen und schon vor dreißig jahren gestorben, als er auf einer Fahrt über den Stillen Ozean an der Küste Afrikas von einer Schwarzen Witwe gebissen wurde. Aber heute berichtet Else von den Tagen, an denen er noch lebte. Kira lauscht interessiert den Erzählungen vom Kalten Krieg. Das Wettrüsten zwischen USA und Sowjetunion fand nämlich nicht nur auf der Erde statt: Ende der Fünfziger schossen die Russen den ersten Satelliten ins All und lösten so den „Sputnikschock" aus. Daraufhin wurde von den Vereinigten Staaten die NASA gegründet, und 21 Jahre später, nämlich 1969, landeten die ersten Menschen auf dem Mond. Else ist erstaunt, als Kira ihr erzählt, dass heute manche Menschen glauben, die Mondlandungen hätten nie stattgefunden.
Am Abend fährt Kira nach Hause. Else wird morgen Nachmittag zum Altenheim an der Von-Ossietzky-Straße fahren, aber nur, um ihre Freundin zu besuchen. Sie selbst will bis ans Ende ihrer Tage in ihrem Haus leben und Rosen züchten. Ihre Enkel unterstützen sie dabei.

Wichtige Sonderfälle wiederholen

Hinweis für den Lehrenden:
In dieser Übung werden noch einmal die Sonderfälle zur Kleinschreibung wiederholt. Um die Schüler nicht zu verwirren, sollte die Aufgabe nicht unmittelbar an die „Wiederholung der Sonderfälle zur Großschreibung“ angeschlossen werden.

Aufgabe 1: Unterstreiche bei diesen Sätzen alle

- Adverbien („ganz *schnell*“)
- Stellvertreter (Pronomen: „ich“, „du“, Satzadverbien: „draußen“)
- Adjektive, die mit „am“ stehen („am besten“)
- Adjektive, die auf -isch enden („böhmisch“)

Aufgabe 2: Schreibe den Text in Groß- und Kleinschreibung auf ein extra Blatt.

Im Park standen zwei Eichen. In die kleine hat Lars ein Herz geschnitzt. Und dann hat er Kira dort lange geküsst.

Kiras Vater sammelt Messer, besonders gerne die japanischen, die von allen Messern am schärfsten sind. Zudem interessiert er sich für ägyptische Kunst.

Am Kanal stehen riesige Verladekräne. Timo ist einmal dort hinaufgeklettert. Er stand breitbeinig auf den Stahlträgern, die bedrohlich knarrten, und schaute versonnen auf das Wasser.

Else mag Rosen, am liebsten die gelben. Eine besondere Vorliebe hat sie für Tee; den indischen schwarzen mag sie am liebsten.

Textverbesserung oder Übungsdiktat

Hinweis für den Lehrenden:
Die Übung ist als Textverbesserung oder als (Partner-)Diktat möglich.
Zur weiteren Automatisierung können beliebige Diktate und das Schreiben von Aufsätzen oder freien Texten dienen. Hierbei wäre es wichtig, eventuelle Fehler bei der Großschreibung den entsprechenden Themen zuzuordnen, damit gezielt Verständnis- oder Wissenslücken geschlossen werden können.

Die antiken Spiele
Der Ursprung der Olympischen Spiele liegt vermutlich im 2. Jahrtausend vor Christus. Allerdings waren die Wettbewerbe damals weniger eine Sportveranstaltung, wie wir sie heute kennen, sondern eine Art religiöses Fest zu Ehren der Götter. Teilweise kämpften die Teilnehmer damals sogar bis zum Tod, denn eine Niederlage bedeutete eine große Schande. Positiv zu verzeichnen war allerdings die Tatsache, dass während der Spiele sämtliche Kriege in der Region unterbrochen wurden, damit die Athleten in Ruhe zum Austragungsort reisen konnten.
Am Anfang dauerten die Spiele lediglich einen Tag, da es nur einen einzigen offiziellen Wettbewerb gab, nämlich den Stadionlauf über 192,24 Meter. Nach und nach kamen aber immer mehr Disziplinen dazu, und die Austragungszeit erhöhte sich auf fünf Tage. Die Athleten maßen sich jetzt zum Beispiel im Springen, Diskuswerfen, Speerwurf, Ringen, Wagenrennen, Boxen und in Wettläufen mit Kriegsausrüstung. Angeblich wurde auch ein Wettbewerb im Trompetenblasen ausgetragen.
Die Sportkleidung bestand damals entweder aus einem Lendenschurz oder aus gar nichts. Ob das der Grund dafür gewesen ist, dass es dem weiblichen Geschlecht unter Androhung der Todesstrafe verboten war zuzuschauen? Teilnehmen durften die Frauen an den Spielen natürlich erst recht nicht. Dafür wurden die männlichen Sportler umso mehr als Helden verehrt, sogar in Gedichten und poetischen Gesängen.
Im Laufe der Jahrhunderte ging es mit den glorreichen Spielen leider immer mehr bergab. Religion und Götterbesänftigung wurden zweitrangig, denn an erster Stelle standen nun Sport und materieller Gewinn: Die Sieger bekamen nämlich neben dem Lorbeerkranz jetzt auch Land, Häuser und bares Geld als Belohnung. Mit diesem Wandel ging zudem ein allgemeiner Werteverlust einher. Es wurden vermehrt Berufssportler angeworben und die Kampfrichter bestochen.
Unter den Römern schließlich verlor das griechische Volk fast ganz das Interesse an den klassischen Wettbewerben. Es wollte jetzt hauptsächlich brutale Gemetzel zwischen Sklaven und wilden Tieren sehen, bei denen möglichst viel Blut fließen sollte.
Kaiser Theodosius setzte dem abstrusen Treiben schließlich ein Ende, indem er 393 nach Christus alle heidnischen Zeremonien kurzerhand verbot.
Erst gegen Ende des 19. Jahrhunderts wurden die Olympischen Spiele wieder eingeführt. Sie fanden 1896 im Athener Stadion statt und erwiesen sich, obwohl nur ca. 240 Athleten teilnahmen, als großer Erfolg.

Informeller Abschlusstest 1

Hinweis für den Lehrenden:
In diesem und dem nächsten Text wird das Thema Großschreibung mit allen bisher behandelten Sonderfällen abgefragt. Es geht nicht um Notengebung, sondern um die informelle Prüfung, bei welchem Kapitel eventuell noch Wissenslücken bestehen bzw. welche Regeln noch nicht verstanden oder ausreichend automatisiert wurden. Diese Lücken gilt es dann mit den entsprechenden Übungen zu schließen.
Die Übungsform des *Textverbesserns* ist für den Fall gedacht, dass weder Lehrpersonen noch Partner zur Verfügung stehen, die diktieren könnten. Ansonsten ist die Form des *Diktats* in diesem Fall vorzuziehen. Es sollte aber spätestens am Ende so viel Zeit gegeben werden, dass der Schüler noch einmal über die eine oder andere Schreibung nachdenken kann. Bewährt hat sich während des Diktats das Unterringeln derjenigen Wörter, bei deren Schreibung sich der Schüler noch unsicher ist. So kann er beim Kontrollieren den Fokus vor allem auf diese richten.

Ein Herz für Manuel
Ulfs kleiner Bruder Manuel ist vier Jahre alt, als die Ärzte bei ihm einen schweren Herzfehler feststellen. Es folgen einige Operationen, die etwas helfen, aber auf Dauer kann Manuel mit seinem Herz nicht leben, er braucht ein Spenderherz. Die Eltern von Manuel sind seitdem in höchster Sorge um ihren Jüngsten: Woher bekommt man möglichst schnell ein Herz? Von den Ärzten im Neustädter Krankenhaus an der Bertolt-Brecht-Straße werden sie darüber informiert, was als Nächstes passiert: Manuel kommt auf eine Liste für potentielle Empfänger einer Organspende. Das heißt im Klartext, er wartet darauf, dass jemand stirbt und ihm sein Herz überlässt. Auf dieser Liste stehen viele, und nach verschiedenen Kriterien bekommt jeder von ihnen einen Rangplatz zugewiesen. Selbstverständlich stehen diejenigen am weitesten oben, die das Organ am dringendsten benötigen.
Es gibt verschiedene Spendearten. Die Herzspende gehört zu den Spenden nach dem Tod. Einige Organe, wie z.B. die Niere (von der jeder Mensch zwei hat, eine linke und eine rechte), können auch von Lebenden entnommen und dem Empfänger eingepflanzt werden, so dass beide mit jeweils einer Niere weiterleben.
Zurzeit gibt es einen Spendeorganmangel. Das liegt einerseits daran, dass immer weniger Menschen zum Beispiel im Straßenverkehr sterben. Andererseits sind aber auch gesetzliche Beschränkungen beim Spenden von Organen dafür verantwortlich. In Deutschland gilt das sogenannte Zustimmungsrecht, das heißt eine Person muss sich bewusst für einen Organspendeausweis entscheiden. Das Gleiche gilt nach Schweizer Recht. Nur in diesem Fall dürfen einer Person nach ihrem Tod Organe entnommen werden. Angehörige, die ansonsten die Entscheidung nach dem Tod treffen müssten, stimmen häufig dagegen. In anderen Ländern gilt das Verweigerungsrecht, wodurch grundsätzlich von allen Personen nach ihrem Tod das Entnehmen von Organen erlaubt ist, außer sie haben sich klar dagegen entschieden. Dadurch stehen in diesen Ländern meist mehr Spenderorgane zur Verfügung. Weltweit am erfolgreichsten ist das spanische Organspendeprogrammm. Doch immer noch wollen sich viele Menschen mit diesen Gedanken nicht beschäftigen, da es eine bedrückende und beängstigende Vorstellung sein kann, was mit den eigenen Organen nach dem Tod passiert. Wie denkst du darüber? Diskutiere mit deinen Freunden das Für und Wider.
Manuels Eltern haben mittlerweile beide einen Organspendeausweis. Ulf hat nicht nur einen Ausweis, er spendet nun auch sechsmal jährlich einen halben Liter Blut. Er hat Freude daran, anderen Menschen auf diese Weise Gutes zu tun, ohne jedes Wenn und Aber. Manuel steht weiterhin auf der Liste, immerhin als Fünfter, und das verzweifelte Hoffen und Warten hält an.

Informeller Abschlusstest 2

Olympia
Die Olympischen Spiele (Eigenname!) waren ursprünglich ein religiöses Fest der griechischen Antike und sind damit schon über zwei Jahrtausende alt. Teilweise kämpften die Teilnehmer damals bis zum Tod, denn eine Niederlage bedeutete eine große Schande. Später wurden die Wettkämpfe durch den römischen Kaiser Theodosius verboten und erst gegen Ende des 19. Jahrhunderts wieder eingeführt. Bis zu 11000 Menschen messen sich heute von morgens bis in den Abend in einer großen Anzahl von unterschiedlichen Sportarten, die sich im Laufe der Zeit immer wieder verändert haben. Alle vier Jahre finden die Spiele an einem anderen Ort statt, nach einem sogenannten Rotationsprinzip. Aus aller Welt reisen Sportlerinnen und Sportler an, um beim Turnen, Fechten, Tennisspielen, Radfahren u.v.m. ihr Bestes zu geben und mit einer Medaille auf dem Treppchen zu landen. Das höchste Ziel ist natürlich, Erster zu sein, eine Goldmedaille zu gewinnen oder gar einen neuen Weltrekord aufzustellen. Einige Sportler treten sowohl im Einzelwettkampf als auch in einer Mannschaft an. Das Spektakel begeistert Zuschauer aus aller Welt, die kleinen wie die großen, und unter Jubeln verfolgen sie die Wettkämpfe täglich im Fernsehen. Timos Leidenschaft ist Tennis. Für welche Sportart interessierst du dich am meisten?
2008 fanden die Spiele im Fernen Osten, jenseits der Großen Mauer in China statt. 2012 fiel die Wahl auf die englische Hauptstadt London. Informiere dich: Welches Land kommt als Nächstes dran?
Das Symbol der Olympischen Spiele sind fünf ineinander verschlungene Ringe in den Farben Rot, Blau, Grün, Gelb und Schwarz. Die Farben wurden zum ersten Mal bei den Antwerpener Spielen 1920 verwendet und so gewählt, dass sie für alle Länder dieser Welt mindestens eine Farbe der Landesflagge zeigen.
Die Spiele finden unter Aufsicht des Internationalen Olympischen Komitees statt, das seit den Neunzigern verstärkt auf das Problem des Dopings achtet. Einige Sportler gehen aufs Ganze und nutzen Mittel, um ihre Leistungen zu steigern, indem sie die eine oder andere Dosis Anabolika schlucken oder spritzen, damit ihre Muskeln schneller wachsen. Sie nehmen dabei ein hohes Risiko in Kauf: Doping ist bei Strafe verboten, um gleiche Chancen zwischen den Sportlern herzustellen und deren Gesundheit zu schützen. Deshalb werden Kontrollen durchgeführt; auch nachträglich kann einem Gewinner so noch der Sieg wieder aberkannt werden.

Die Lernserver-Schritte: Diagnose und Förderung

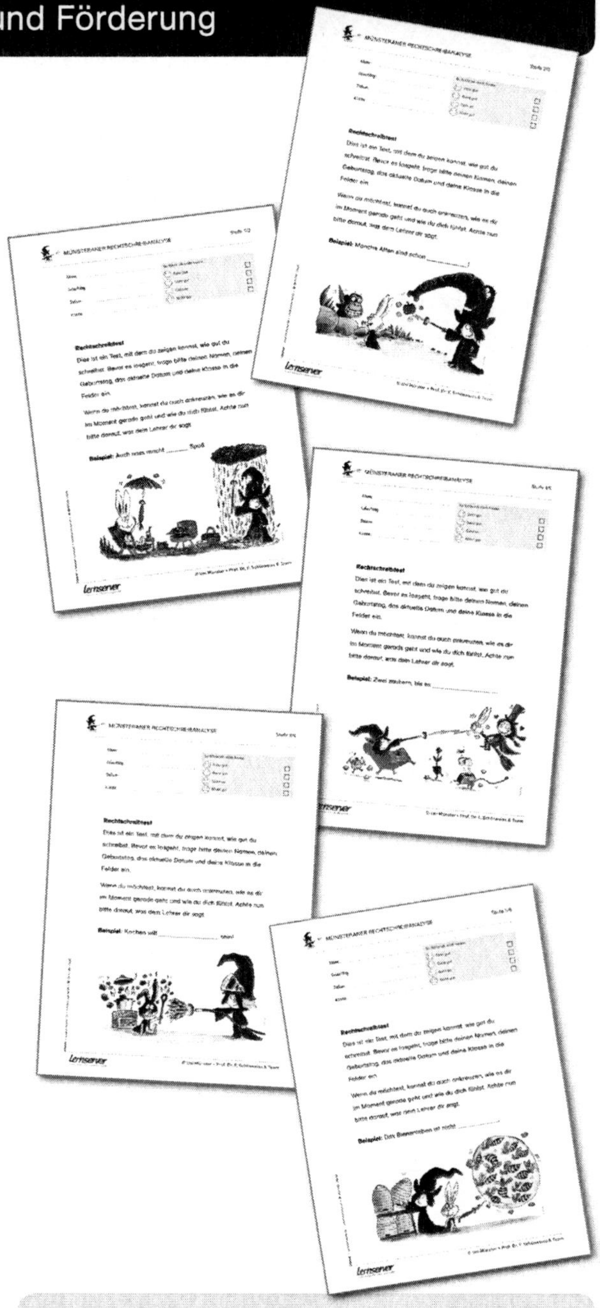

Schritt 1 + 2: Test und Diagnose

Mit Bestellung der **Münsteraner Rechtschreibanalyse (MRA)** erhalten Sie für jedes Kind einen Testbogen. Nach Analyse der Fehlschreibungen sind die wichtigsten Ergebnisse in Form eines Leistungsprofils umgehend online als PDF-Dokument abrufbar. Außerdem liefert Ihnen die **Lernserver-Normierung** quantitative und qualitative Aussagen über Leistungsstand und Förderbedarf des Kindes. Die Kennziffern und die Förderempfehlung werden dabei durch **symbolische Ampeln** visualisiert, die einen schnellen Überblick über Leistungsstand und Förderbedarf bieten.
Die Testbögen der Münsteraner Rechtschreibanalyse sind **altersadäquate Lückendiktate** (jetzt auch als Jugendlichenversion erhältlich), die handschriftlich vom Kind ausgefüllt werden. Anschließend werden die Fehlschreibungen der Kinder online über eine bequeme Eingabemaske in das System des Lernservers eingegeben. Die Diagnose der Rechtschreibleistung erfolgt binnen weniger Sekunden.

Hinweis: Sämtliche Fehlschreibungen werden durch Experten analysiert!

Normiertes Leistungsprofil mit integrierter Ampelfunktion und Förderempfehlungen:

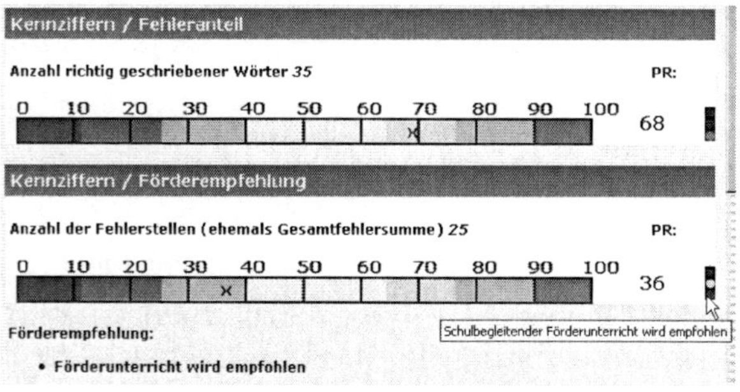

Quelle: http://normierung.lernserver.de

Festpreis für die MRA € 5,00

Als Kooperationsangebot im Rahmen regionaler Förderinitiativen oder der Schulversion und für Lernserver-Partner (Lern-Coach, LRS-Trainer) für nur € 3,50

Rechtschreibtests jetzt auch online durchführbar!

Die Lernserver-Schritte: Diagnose und Förderung

Schritt 3: Die Lernserver-Förderung

Individuelle Förderung

Auf Basis der Diagnose werden für jedes Kind **individuelle Fördermaterialien** in Form von **Arbeitsblättern mit Lösungen, Erklärungen, Fördervorschlägen, Wortlisten, Spielideen, Hör- und Sprechübungen** sowie zahlreichen weiteren Übungsformen zusammengestellt. Im Durchschnitt sind dies je Kind etwa 300 Arbeitsblätter, die für eine Förderung von bis zu einem Jahr ausreichen. Gebündelt in überschaubare Fördereinheiten helfen sie, fehlende Grundlagen zu erarbeiten und die schwierigen Bereiche Schritt für Schritt zu erobern.

Individuelle Förderung
zum Festpreis € 25,00

Als Kooperationsangebot im Rahmen regionaler Förderinitiativen oder der Schulversion und für Lernserver-Partner (Lern-Coach, LRS-Trainer)
für nur € 12,00

Individuelles Förderbuch
Auf Wunsch erhalten Sie die Materialien der Online-Förderung zusätzlich in ausgedruckter Form.
Kosten pro Exemplar: € 29,90
(zzgl. Versand)

Hinweis: Die Erstellung eines Förderbuches setzt die Buchung einer Online-Förderung voraus!

Gruppenförderung (mit didaktischer Reduktion!)

Nach erfolgter Eingangsdiagnose (z.B. einer Klasse oder der gesamten Stufe) können Sie sich ein differenziertes Bild vom Leistungsstand einer größeren Anzahl von Schülern machen. Die Diagnose-Ergebnisse können nach unterschiedlichen quantitativen und qualitativen Kriterien aufeinander bezogen werden, so dass Sie sinnvolle Fördergruppen von 5-8 Schülern zusammenstellen und auf die Gruppe abgestimmte Fördermaterialien abrufen können.
NEU: Unsere didaktische Reduktion erleichtert Ihnen die Förderung von größeren Gruppen!

Gruppen-Förderung
Die Arbeitsmaterialien für die Fördergruppe können online in Ihrem Portal abgerufen werden.
Kosten pro Gruppe: € 25,00

Hinweis: Bis maximal 30 Schüler pro Gruppen-Förderung. Automatische Zusammenstellung homogener Teilgruppen möglich.

Gruppen-Förderbuch
Auf Wunsch erhalten Sie die Materialien der Online-Förderung zusätzlich in ausgedruckter Form.
Kosten pro Exemplar: € 29,90
(zzgl. Versand)

Hinweis: Die Erstellung eines Gruppen-Förderbuches setzt die Buchung einer Gruppen-Online-Förderung voraus!

Für alle Klassenstufen liegen ab sofort auch B-Tests vor, die entweder als Zwischentest nach frühestens einem halben Jahr Förderung oder zur Evaluation am Ende der Förderung eingesetzt werden können (bis auf Weiteres kostenlos).

Themenhefte
Der Rechtschreib-Lehrgang für die Klassen 5 und 6
Kopiervorlagen, didaktische Grundlagen, Unterrichtsempfehlungen

Zur **Sicherheit in der Rechtschreibung** verhelfen? Dabei unterstützt dieser strukturierte, einheitliche Rechtschreiblehrgang für die Klassen 5 und 6. Lehrer, Förderkräfte und Eltern finden hier alles, um die zentralen Prinzipien der Orthographie zu vermitteln.
Die Schüler werden dazu angeregt, das „Wie“ und „Warum“ zu erforschen, um auf diese Weise einen souveränen Zugang zu Sprache und Schrift zu gewinnen und ihre Strategien zu optimieren.

Besonderer Wert wird auf das **eigenständige** wie auch **gemeinschaftliche Lernen** gelegt.

Motto:
Erforschen, verstehen, üben

Einsatz:
- Zur Einführung in einen bestimmten Themenbereich
- Für die Arbeit an Fehlerschwerpunkten mit der ganzen Klasse
- Für das ergänzende Üben zuhause oder in Fördergruppen
- In Kombination mit den individuellen Lernserver-Materialien

Aufbau und Inhalt:
- Grundlegende Erklärungen zu den orthographischen Prinzipien
- Vorschläge zur Themeneinführung im Unterricht
- Kopiermaterial: Übungen und Spiele, die sinnvoll aufeinander aufbauen und abwechslungsreich gestaltet sind
- Hinweise zur Didaktik für den Lehrenden
- Lösungen für die Partnerarbeit und zur Selbstkontrolle

Es liegen Themenhefte zu diesen Rechtschreibbereichen vor:

Themenheft 1: **au-äu**
Was ist richtig: eu oder äu? Genaues Hinhören ist keine Lösung, denn „eu“ und „äu“ sind akustisch nicht zu unterscheiden. Was tun? Die Ableitungsregeln geben Sicherheit.
Best.-Nr. 48303 **€ 14,80**

Themenheft 2: **a-ä**
Kurz gesprochen klingen e und ä völlig gleich: *Klemme* und *Kämme*. Mithilfe von Wortverwandten kann die korrekte Schreibung problemlos ermittelt werden.
Best.-Nr. 48323 **€ 14,80**

Themenheft 3: **Auslautableitung**
Am Silbenende sprechen wir die Plosivlaute d, b, g „hart“ aus, so dass sie wie t, p und k klingen. Durch das Hören allein kann man also nicht herausfinden, ob „furchdbar“ oder „furchtbar“ geschrieben wird. Doch der Trick mit der Ableitung bringt schnell Licht ins Dunkel: *furchtbar* kommt von *fürchten* – hier ist der Lautunterschied wieder hörbar.
Best.-Nr. 48324 **€ 16,80**